SAUVONS

LA CÔTE D'IVOIRE

Du même auteur

La République de la Côte d'Ivoire au service de l'Afrique et de la paix, Delroisse, non daté.[1]

Œuvres non publiées

L'œuvre déterminante de Président Houphouët-Boigny dans la décolonisation

Le Président Houphouët-Boigny et l'unitarisme africain

Documents gouvernementaux non vulgarisés

Rapport intégral, Commission Nationale de Synthèse des Journées Nationales du Dialogue des 21-22-23-24 et 25 septembre 1989.

Rapport de synthèse, Commission Nationale de Synthèse des Journées Nationales du Dialogue des 21-22-23-24 et 25 septembre 1989

Catalogue des mesures à court terme, Commission Nationale de Synthèse des Journées Nationales du Dialogue des 21-22-23-24 et 25 septembre 1989

Les Travaux de la Commission Usher : la loi 1977 sur la Réforme de l'Enseignement.

Œuvre publiée sous pseudonyme

Allongban Niamké, *Coup d'Etat à Askia,* Les Nouvelles Editions Africaines, Abidjan, 1983.

SAUVONS

LA CÔTE D'IVOIRE

MON MESSAGE A LA NATION

Maître Arsène Assouan Usher, Timothée

Initiatrice de l'édition Docteur Mélanie Usher Maléombho

Réviseur Officiel   Thomas Maïmouna

Editeur   Edition Trafford, Bloomington, Indiana, USA

 www.trafford.com

On n'a pas la parole, mais on a la conscience. Puissions-nous intervenir pour aider notre pays à retrouver la Paix.

Avant-propos

Au nom de mon père

Papa, c'est avec beaucoup d'émotion que j'ai eu à accomplir cette noble mission de transmettre au peuple ivoirien ton message. Je me suis efforcée depuis le jour de ta disparition de le faire en me rapprochant le plus possible de Ta Vérité. Que ton âme repose en Paix!

Le 13 Octobre 2007 à 4h30 Washington (USA), je reçois un appel de Côte d'Ivoire: "Qui y a-t-il?" Mon frère me répond: "Mélanie, papa est mort!". "Oh mon Dieu!!! Oh mon Dieu! Je n'ai pas fini de lui parler! Je n'ai pas fini d'apprendre de lui!!"

Maître Usher souhaitait s'exprimer sur la situation sociopolitique de la Côte d'Ivoire, sa disparition brutale l'en a empêché. Dès mon arrivée à Abidjan, après m'être informée sur les circonstances de sa mort, j'ai ouvert son bureau, cette pièce que sa petite fille appelait affectueusement, la cabane de Papi, aux murs entièrement recouverts de livres et où Maître a passé de nombreuses heures tous les jours de sa vie à lire, écrire, réfléchir et analyser les grands problèmes économiques, politiques et sociaux de ce monde. Tous ses documents étaient rangés en pile sur cette table en bois et couleur or. J'ai recueilli ses écrits et surtout ceux concernant la situation politique de notre pays. Depuis le début de la crise, Maître Usher était préoccupé, il écrivait et souhaitait rencontrer les autorités pour apporter son aide, son expertise, son opinion et quelques solutions, mais ses appels sont restés vains. A travers ses écrits datant de 1999 à début 2007, j'ai découvert avec beaucoup d'émotion à quel point il était peiné par le conflit ivoirien.

Maître Usher avait achevé la rédaction d'un document qu'il avait nommé "Sauvons la Côte d'Ivoire", mais avait considéré réaménager ce document qu'il pensait incomplet. Puis, il avait souhaité en modifier l'intitulé pour "Mon devoir de vérité". Comme le titre avait été déjà utilisé par un autre auteur et donc était sujet à controverse, il avait été à la recherche d'un autre titre.

Durant le début des années 2000, il avait constitué un recueil composé de paragraphes comprenant ses réflexions sur la crise de la Côte d'Ivoire. J'ai tenté de prime abord de regrouper les paragraphes par thèmes, puis ultérieurement j'ai découvert qu'il avait commencé une ébauche d'organisation sur un petit cahier d'écolier qu'il avait constamment avec lui aux derniers moments de sa vie. Ce manuscrit a constitué l'ossature de base de mon travail, les chapitres avaient été organisés jusqu'au chapitre cinquième, Côte d'Ivoire pays de l'hospitalité, qui était resté inachevé. Le paragraphe qui suivait abordait le vrai problème ivoirien. Mes recherches m'ont permis de découvrir 15 feuilles volantes où il avait ébauché une analyse très profonde du problème ivoirien. J'en ai constitué un chapitre et les ai intégrés aux chapitres antérieurs. Le chapitre cinquième avait été interrompu et remplacé par des Lettres Ouvertes adressées au Président Laurent Gbagbo, aux leaders politiques et aux associations de la société civile auprès de qui, à plusieurs reprises, Maître Usher avait essayé de se faire entendre.

Le Message qui conclut ce livre est un appel à la sagesse et l'expression des sentiments d'amour et de fraternité que Maître adresse aux Ivoiriennes, Ivoiriens et résidents ainsi qu'aux hommes politiques et aux rebelles.

L'organisation des chapitres a été respectée en ce sens que rien du fond et des idées n'a été modifié. Je n'ai fait que regrouper les paragraphes par thème. Le recueil de 295 paragraphes commence au paragraphe 188; la numérotation des paragraphes antérieurs n'a pas été retrouvée. Après des recherches infructueuses, j'ai donc considéré cette numérotation comme arbitraire. Le chapitre correspondant à la Côte d'Ivoire aux Nations Unies a été détaillé par l'auteur pour souligner le rôle crucial que la Côte d'Ivoire a joué aux Nations Unies et l'impact que ce petit pays d'Afrique de l'Ouest a eu dans le monde, dans les années 1960, grâce à sa politique de recherche de la Paix.

Soulignons que Maitre Arsène Assouan Usher a été Président de la Commission de Réforme de l'Enseignement en 1977, et, Président de la Commission de Synthèse interministérielle et des 24 groupes socioprofessionnels issue des Journées Nationales du Dialogue en 1989.

La majorité des données chiffrées du manuscrit et donc du présent ouvrage sont tirées des rapports des travaux de ces deux importantes commissions.

Maître Arsène Assouan Usher était un homme de Dieu, un grand politique et une fin diplomate. Il a parcouru, comme il le dit si bien, le temple politique de la Côte d'Ivoire depuis l'âge de 15 ans et a suivi et embrassé la vision du Président Félix Houphouët-Boigny de construire un monde de Paix qui prendrait sa source en Côte d'Ivoire; la Paix à laquelle est consacrée l'indépendance en août 1960.

Son amour pour son pays avait été inconditionnel, au risque de sa vie et au sacrifice de sa vie de famille. Le rôle joué par Maître Usher aux Nations Unies au nom de la Côte d'Ivoire a contribué à la résolution de nombreux problèmes du moment, certains de ces problèmes sont, 40 ans après, encore d'actualité, L'exemple type est celui de la Résolution 242 du conflit israélo-palestinien qui a été adoptée en 1967. Ses actions de diplomatie ont permis de projeter la Côte d'Ivoire dans les annales de l'histoire des Nations Unies et du monde comme l'un des pays qui, à l'aube de son indépendance, par sa politique de Paix utilisant l'arme du Dialogue, a osé donner des leçons aux grands pays de l'Occident à une époque où le monde de l'après guerre était divisé en blocs communiste et capitaliste.

C'est fort de ce travail colossal de contribution à la construction simultanée d'un Etat et d'une Nation, après la colonisation, et conscient des potentialités agricoles, minières, économiques, humaines et politiques de la Côte d'Ivoire que Maître Usher s'ouvre à tous les Ivoiriens pour leur livrer un message d'une importance capitale: celui de l'histoire de leur pays dont il a été incontestablement l'un des plus jeunes témoins de première ligne. Il propose également des solutions à la crise sociopolitique actuelle après avoir exposé les causes des problèmes de notre pays.

Maître Usher a été au centre de nombreuses résolutions de crises en Côte d'Ivoire, constamment désigné par le Président Félix Houphouët-Boigny. C'est ainsi qu'il avait connaissance des problèmes ivoiriens et de leur origine. C'est à cause de son expertise qu'il s'est permis de révéler son analyse sur la crise sociopolitique que vit la Côte d'Ivoire depuis le décès du Président fondateur. D'autant plus que cette crise avait été prévisible déjà en 1977 au cours des travaux sur la Réforme de l`Enseignement comme possible conséquence si le plan de Réforme n`était pas appliqué.

Maître Usher a vécu la période de succession du Président Félix Houphouët-Boigny (1999-2007) et la crise sociopolitique avec beaucoup de tristesse, d'angoisse et certainement de doutes et d'interrogations. Malgré tout, Maître Usher est toujours resté très optimiste et rappelle aux Ivoiriens que la solution de leur problème leur appartient. Le rôle que notre pays a alors joué aux Nations-Unies et les quarante années de Paix que nous avons connues sont la preuve de notre capacité à entretenir la Paix. Les aînés avaient compris avant l'Indépendance que la guerre ne menait à rien et que le Dialogue était la seule arme efficace pour la solution des conflits.

Docteur Mélanie Usher Maléombho

L'Ambassadeur Arsène Assouan Usher (1965, New York)

Première préface

**par Son Excellence
Mr l'Ambassadeur
Aubrey Hooks**

Foreword to *Sauvons la Côte d'Ivoire*

Sauvons la Cote d'Ivoire is a cri du coeur and a last will and testament of a spiritual giant. In the pantheon of heroes and patriots of Cote d'Ivoire, Maitre Arsène Assouan Usher walks closely in the footsteps of Founding Father President Houphouët-Boigny. The sign of a great man is the quality of character of those that he attracts to his cause, and President Houphouet-Boigny was an excellent judge of men. He recognized in Maitre Usher a talented leader and spokesman who would become the voice of Cote d'Ivoire to the rest of the world.

Maitre Usher was blessed to be born as Cote d'Ivoire's star was on the ascendant. He was nourished on the dream of a bright and glorious future for his country and his people. Already at the age of 15 he joined the struggle for independence, and as a young man with a freshly minted law degree, he joined Houphouët-Boigny in laying the legal foundation for that cherished independence. When that dream became a reality, President Houphouët-Boigny named Maitre Usher as his Ambassador to the United Nations to represent the new Cote d'Ivoire striding onto the world stage to occupy a place far grander than justified by Cote d'Ivoire's resources or population. It is hard to believe that Maitre Usher was barely 30 years old at the time. And among the excited and talented representatives of the newly-independent countries in New York, Maitre Usher quickly stood out by his dignity, his intellect, and his diplomatic savoir-faire. Within two years he was elected President of the Afro-Asian Group. Two more years, and he was elected President of the Security Council.

Having secured Cote d'Ivoire's place of honor in the concert of nations, Maitre Usher returned to Abidjan to serve as Minister of Foreign Affairs for eleven years, that is, to serve as President Houphouët-Boigny's voice to the world at a time when President Houphouët-Boigny was the most respected leader in Africa. Maitre Usher's career reached its zenith as Cote d'Ivoire reached the height of its glory as a beacon for Africa and all newly-independent countries throughout the world.

Maitre Usher, in writing *Sauvons la Côte d'Ivoire*, points to his service to his country with modest pride and to recall Côte d'Ivoire's glorious past, but he also insists on Côte d'Ivoire's potential and destiny for the future. It is in the prism of many years of service to his country that Maitre Usher observes and analyzes the events of today. And like every patriot of Côte d'Ivoire, he is anguished and saddened to see the dream of his youth transformed into a nightmare in his senior years: a rich, secure and outward-looking Côte d'Ivoire metamorphosed into an impoverished and inward-looking country suffering from the political convulsions that were the fate of so many of its neighbors.

In his elegant intellectual style, Maitre Usher concludes that the present predicament had its origins in the 1980's, even 1970's, and was the result of both internal and external factors. He points to the economic downturn of the 1980's that dimmed Côte d'Ivoire's promise of sustained growth, and the political undercurrents that swirled in President Houphouët-Boigny's later years and burst to the surface upon the death of the President. Maitre Usher's mind is clear although his heart is torn and troubled as he analyzes the political and economic landscape of today from the perspective of an elder statesman endowed with the wisdom of many years service to his country. Like an ancient prophet, he exhorts his people, the people of Côte d'Ivoire, to demand pardon of each other, and to "aimer non pas avec des paroles et des discours, mais par des actes sincères. " And like the prophet that he is, he assures the youth of today that "les chances de la Côte d'Ivoire sont intactes." As he closes his plea to all Ivoirians to rebuild Côte d'Ivoire in a spirit of tolerance and dialog, he notes that "la lumière peut venir d'un petit pays pour éclaircir le chemin de l'humanité."It is impossible to read *Sauvons la Côte d'Ivoire* without being deeply touched by Maitre Usher's wisdom and unquenchable optimism about the future of his beloved Côte d'Ivoire in spite of the divisions that rocked the country in his senior years. His final testament deserves careful reading and analysis by every Ivoirian, whether the generation of independence who remember the glories that Maitre Usher witnessed in his own time, or the youth of today who want the same dream for their future that Maitre Usher nourished in his time.

Aubrey Hooks

Ambassador of the United States to Côte d'Ivoire, 2004–2007

Préface à *Sauvons la Côte d'Ivoire*

Sauvons la Côte d'Ivoire est le cri du cœur, la dernière volonté et le testament d'un grand homme spirituel. Dans le panthéon des héros et patriotes de Côte d'Ivoire, Maître Arsène Assouan Usher marche sur les traces du Père Fondateur, le Président Houphouët-Boigny. La grandeur d'un homme s'apprécie à la qualité des hommes qu'il rallie à sa cause, et le Président Houphouët-Boigny avait une excellente connaissance des hommes. Il a su reconnaitre en Maître Arsène Assouan Usher un chef talentueux et un porte-parole qui portera la voix de la Côte d'Ivoire au reste du monde.

Maître Usher a eu la bénédiction d'être né au moment où l'étoile de la Côte d'Ivoire était ascendante. Il a été nourri par le rêve d'un futur brillant et glorieux pour son pays et son peuple. Déjà à l'âge de 15 ans il a rejoint la lutte pour l'indépendance, et jeune homme, sa licence fraîchement obtenue, il s'est rallié à Houphouët-Boigny. Quand le rêve est devenu réalité, le Président Houphouët-Boigny a nommé Maître Arsène Assouan Usher Ambassadeur aux Nations Unies pour représenter cette nouvelle Côte d'Ivoire sur la scène mondiale et à une place bien plus importante que ne le justifiait ses ressources ou sa population. Il est difficile de croire que Maître Arsène Assouan Usher avait à peine 30 ans à cette époque. Et parmi les représentants enthousiastes et talentueux des pays nouvellement indépendants à New-York, Maitre Usher s'est distingué par sa dignité, son intelligence et son savoir-faire diplomatique. Au bout de deux ans il a été Président du Groupe Afro-asiatique. Deux années plus tard, il a été élu Président du Conseil de Sécurité.

Ayant obtenu une place d'honneur pour la Côte d'Ivoire dans le concert des nations, Maître Usher est retourné à Abidjan servir onze ans comme Ministre des Affaires Etrangères, c'est-à-dire devenir la voix du Président Houphouët-Boigny adressée au monde à un moment où celui-ci était le Chef d'Etat le plus respecté en Afrique. La carrière de Maitre Usher a atteint son zénith quand la Côte d'Ivoire était un modèle pour l'Afrique et tous les pays nouvellement indépendants dans le monde entier.

Dans *Sauvons la Côte d'Ivoire*, Maitre Usher, avec modestie et fierté, attire l'attention sur son action au service de son pays, et rappelle le passé glorieux de la Côte d'Ivoire, mais il insiste également sur le potentiel et le destin de la Côte d'Ivoire de demain. C'est par le prisme des nombreuses années au service de son pays que Maitre Usher observe et analyse les évènements d'aujourd'hui. Et comme tout patriote ivoirien il est anxieux et attristé de voir le rêve de sa jeunesse se transformer en un cauchemar dans les dernières années de sa vie: une Côte d'Ivoire riche, stable et ouverte métamorphosée en un pays appauvri et refermé sur ces convulsions politiques qui ont été la fatalité de tant de pays voisins.

Dans son style élégant d'intellectuel, Maitre Usher conclut que la situation difficile a pris naissance dans les années 1980 et même 1970, et a été le résultat à la fois de facteurs internes et externes. Il attire l'attention sur le déclin économique des années 1980 qui a obscurci la promesse d'une croissance soutenue pour la Côte d'Ivoire, et sur le tourbillon des courants politiques sous-jacents durant les dernières années de la présidence d'Houphouët-Boigny, qui a violemment fait surface à la mort du Président. Maitre Usher garde l'esprit clair, malgré le cœur meurtri et inquiet, quand il analyse le paysage politique et économique d'aujourd'hui du point de vue de l'homme d'Etat doté de la sagesse acquise par plusieurs années au service de son pays. Tel un prophète de l'Antiquité, il exhorte son peuple, le peuple de Côte d'Ivoire, à pardonner, et à "aimer non pas avec des paroles et des discours, mais par des actes sincères". Et comme le prophète qu'il est, il assure à la jeunesse actuelle que "les chances de la Côte d'Ivoire sont intactes". Alors qu'il termine son plaidoyer pour la reconstruction de la Côte d'Ivoire par tous les Ivoiriens dans un esprit de tolérance et de dialogue, il écrit que "la lumière peut venir d'un petit pays pour éclaircir le chemin de l'humanité". Il est impossible de lire *Sauvons la Côte d'Ivoire* sans être profondément touché par la sagesse de Maitre Usher et son intarissable optimisme quant au futur de sa Côte d'Ivoire bien aimée en dépit des divisions qui ont ébranlé le pays, à la fin de sa vie. Cet ultime testament requiert une lecture et une analyse scrupuleuses par chaque Ivoirien qu'il soit de la génération de l'indépendance qui se souvient des gloires dont Maitre Usher a été le témoin, ou bien de la jeunesse actuelle qui aspire au même rêve pour le futur, dont Maitre Usher s'est nourri à son époque.

Aubrey Hooks

Ambassadeur des Etats-Unis d'Amérique en Côte d'Ivoire, 2004–2007

(Traduction par le Réviseur Officiel)

L'Ambassadeur Aubrey Hooks des Etats-Unis d'Amérique et Maitre Arsène
Assouan Usher, Maire de Grand Lahou à la Mairie de Grand Lahou

Deuxième préface

par
Monseigneur Pierre-Marie Coty

"Heureux les artisans de la paix, Ils seront appelés fils de Dieu" Mathieu 5, 9

Le 13 Octobre 2007, une étoile s`éteignait dans le ciel de la Côte d`Ivoire. Ce jour là Maître Arsène Assouan Usher, Timothée, fin politicien, patriote éclairé et grand chrétien remettait sa belle âme de croyant entre les mains de son créateur, Dieu seul Maître du temps et de l`histoire.

Il a été et il restera pour toute la Côte d`Ivoire et pour une génération de prêtres et d`évêques un frère, un ami, un condisciple, un conseiller et un bienfaiteur au cœur noble et fidèle.

Nous pouvons le dire : il fut grand, ce digne fils de la Côte d`Ivoire natif de Grand Lahou, qu`il transformera en " Lahou la Neuve ". Issu de parents chrétiens, élevé par des missionnaires, il a fait montre d`un destin hors pair dès sa jeune enfance. Les talents que le Seigneur lui a confiés à sa naissance il a su, très tôt, les mettre au service de son pays et de l`Eglise.

Très jeune, il se révèle ami du droit, passionné pour la justice sociale et ennemi de l`injustice.
A l`école professionnelle Clauzel d`Abidjan Plateau où il fut orienté dans la branche menuiserie, il se fit "vider" en cours de formation pour motif: "Meneur de grève". Au petit séminaire St Augustin de Bingerville oú il atterrît après qu`il intègre, grâce á l`intervention de Monseigneur Kirmann , vicaire apostolique de Sassandra et ami de la famille, il eut juste le temps " » d`adoucir son tempérament impétueux "» et de s`imprégner de l`enseignement des saintes Ecritures qui marqueront toute sa vie de laïc engagé et de craignant Dieu.

Ce n'est pas toujours que ceux qui savent—nos intellectuels, comme on dit—reconnaissent la puissance de la main de Dieu qui écrit droit avec les lignes courbes dans leur vie de famille, dans leur vie de travail, dans leur vie politique et dans leur vie socio-économique.

A l'école du Président Félix Houphouët Boigny, le jeune Usher a eu la chance et le courage de se laisser former et d'apprendre beaucoup de choses de la vie auprès d'un tel Maître.

Disciple de ce grand homme qui avait le don de détecter ses éminents collaborateurs, Maître Usher s'est littéralement "explosé" au milieu de ses pairs. Sur tous les toits du monde, à toutes les tribunes de la planète terre, il a fait entendre la voix de la Côte d'Ivoire qui prêchait à toutes les grandes Nations de ce monde, à tous les puissants de la terre : la paix par le dialogue, oui, le dialogue et non les armes pour la résolution des conflits.

Représentant d'un "petit pays" dont le chef était respecté et écouté par les grands de ce monde, Maître Usher a parfaitement accompli sa mission comme Ambassadeur et Ministre au sein du gouvernement présidé par le père fondateur de la Nation ivoirienne, Félix Houphouët-Boigny.

Paradoxe!! Cet homme qui, au nom de son pays et de son président, sillonnait les pays frères en conflit pour leur apporter l'arme du dialogue, se voit, au soir de sa vie politique témoin résigné devant la crise grave qui secoue sa chère Côte d'Ivoire.

Il est parti avec l'image d'une patrie déchirée, meurtrie, incapable de donner des leçons de bonne conduite aux pays frères qui autrefois avaient recours à elle.

Oui, la paix, notre deuxième religion a vraiment déserté notre camp, mais Maître Usher a su garder sa foi en la résurrection de ce pays. Il connaît sa situation et les maux qui le minent. Il en a fait le diagnostic et nous propose des remèdes adéquats.

En politicien averti et en chrétien convaincu que la main de Dieu repose sur ce pays et sur ses habitants, Maître Usher nous invite tous, fils du Nord, fils du Sud, fils du Centre, fils de l'Ouest et fils de l'Est à nous rassembler comme un seul homme au chevet de notre mère malade.

Il nous dit à tous, fils et filles de ce pays, Ivoiriens de souche et Ivoiriens d'adoption : "Sauvons la Côte d'Ivoire", notre beau pays, notre unique richesse. Ce n`est pas un seul homme, ni un seul parti politique, si puissant soit-t-il, qui sauvera ce pays ni le reconstruira tout seul, mais c`est nous tous, fiers Ivoiriens et Ivoiriennes qui sommes appelés à cette tâche dans l`union des cœurs et dans le pardon mutuel.

Pour Maître Usher comme pour le père fondateur de la Nation ivoirienne "ce qui compte le plus à nos yeux, c`est l`union de tous les hommes de bonne volonté, par-dessus nos partis politiques et dans l`intérêt supérieur de la Côte d`Ivoire."

Il nous appelle à une nouvelle vision de notre pays. Car dit-t-il: "les difficultés de la Côte d`Ivoire nous obligent à reconsidérer nos actions, nos manières de penser, nos principes moraux".

C`est pour n`avoir pas compris cela plus tôt que nous souffrons aujourd`hui, perdus dans la jungle des ambitions politiques et politiciennes.

Sauvons la Côte d`Ivoire par le dialogue, le pardon, la réconciliation, l`union des cœurs, la justice, l`équité et l`amour fraternel.

Ce que nous avons enseigné aux pays frères, le temps est venu de l`appliquer à nous-mêmes, de le mettre en pratique pour notre propre gouverne et pour notre bien personnel.

Maître Usher, dans toutes les hautes fonctions qu`il a occupées durant sa vie a eu la crainte de Dieu et l`Amour du prochain. Il a aimé et servi son pays durant des décennies.

Il a aimé la jeunesse de Côte d`Ivoire qui le lui a rendu avec cœur. Dans maintes circonstances, bien que n`ayant jamais été ministre de l`éducation nationale, ni de l`enseignement, ni de la jeunesse et des sports, c`est à lui que le Président Félix Houphouët-Boigny a eu recours pour calmer et régler certains problèmes concernant la jeunesse. Il a toujours réussi! Jeunes de la Côte d`Ivoire, il savait vous écouter, il savait vous comprendre pour dialoguer avec lui. Aujourd`hui il vous regarde et il vous dit: "Sauvons la Côte d`Ivoire" !!

Il vous redit de tout son cœur; "Jeunes ! Reconnaissez le sacrifice consenti en votre faveur par vos ainés pour vous permettre d`assurer demain la relève avec le maximum d`efficacité ". Sachez donc l`écouter.

Aux politiciens de tout poil et de tout bord, aux gouvernements de toute tendance idéologique qui aspirent à faire le bonheur de tous les habitants de ce beau pays, Maître Usher recommande ceci :

"Tant que nos jeunes ne seront pas techniquement formés pour que nous puissions transformer sur place tout ou partie de nos matières premières, sachons que ce n`est pas par un verbalisme belliqueux aux conséquences désastreuses que nous réussirons à résoudre le problème de la Côte d`Ivoire".

Ivoiriens de souche, Ivoiriens d`adoption, Maître Usher qui, durant toute sa vie a travaillé auprès du Président Félix Houphouët Boigny en donnant le meilleur de lui-même pour bâtir dans l`honneur et le bonheur une Côte d`Ivoire riche, respectée et enviée de tous, constate au soir de sa vie que sa belle patrie est aux abois. Homme de combat pacifique, il vous lègue son testament pour la victoire finale: "Sauvons la Côte d`Ivoire". Car Dieu qui a dit "Heureux les artisans de paix, ils seront appelés fils de Dieu " est vraiment avec tous. Ayons confiance et "Sauvons la Côte d`Ivoire ".

Monseigneur Pierre-Marie Coty

Evêque émérite de Daloa

Table des matières

Côte d'Ivoire: généralités   *1*

Proclamation   *3*

Côte d'Ivoire, Havre de Paix
  Arsène Assouan USHER, Mandataire du Président Félix
  Houphouët-Boigny   *4*

Le problème mondial
  La guerre planétaire   10

Histoire de l'Afrique   *15*

Chapitre premier
  La Côte d'Ivoire et la France   18

Chapitre deuxième
  Côte d'Ivoire, prospérité et pays d'avenir   24

Chapitre troisième
  Côte d'Ivoire artisan de paix dans le monde   28

Chapitre quatrième
  Côte d'Ivoire, artisan de paix en Afrique   56

Chapitre cinquième
  Côte d'Ivoire, pays de l'hospitalité,patrie de la vraie fraternité   76

Chapitre sixième
  La crise sociopolitique   85

Chapitre septième
   Le vrai problème ivoirien   95

Mon Message   123

La Vie de Maître Arsène Assouan Usher   131

Initiatrice de l'édition Docteur Usher Maléombho Mélanie   133

Annexes   135

Ressources Internet   145

Notes   147

Remerciements

Mes remerciements vont tout particulièrement à ma mère et ma famille, à mon époux et mes enfants, à mes nièces Diarra pour leur soutien dans les recherches.

Mes remerciements également :

A son Excellence, Monsieur Aubrey Hooks, ancien Ambassadeur des Etats-Unis d'Amérique en Côte d'Ivoire.

A son Eminence Monseigneur Pierre-Marie Coty.

A Messieurs les Ambassadeurs Boa Thiémélé Amoakon-Edjampan, Kacou Aoussi Julien, Essienne Dieudonné, Nouama Emmanuel, tous anciens collaborateurs de Maître Usher au Ministère des Affaires Etrangères de Côte d'Ivoire. Connaissant professionnellement Maitre Usher, ils m'ont apporté une aide énorme dans l'édification de ce document.

A Monsieur Augustin Papa Nouveau pour m'avoir encouragé dès les premiers instants dans cette initiative.

A mon amie d'enfance, Madame Maïmouna Thomas pour sa rigueur et son objectivité dans la réalisation de ce document.

A mon amie de Haïti, Joëlle Lemoine McIntosch pour son soutien moral.

A Monsieur Eric Edi pour ses judicieux conseils.

A Mesdames Tamar Golan et Antoinette Konan Ferrand pour leurs encouragements.

A Madame Aphing Kouassi Micheline qui, 30 années durant en tant que Secrétaire de Direction, a suivi mon père dans son parcours.

A Monsieur Lassana Dosso.

A tous ceux qui de près ou de loin m'ont apporté leur soutien.

Abréviations

AFIP	Armed Forces Institute of Pathology (Institut de Pathologie des Forces Armées Américaines)
AOF	Afrique Occidentale Française
BAD	Banque Africaine de Développement
BCEAO	Banque Centrale des Etats de l'Afrique de l'Ouest
CEDEAO	Communauté Economique des Etats de l'Afrique de l'Ouest.
CNPS	Caisse Nationale de Prestations Sociales
EPN	Etablissement Public National
FANCI	Forces Armées Nationales de Côte d'Ivoire
FLN	Front de Libération Nationale
FPI	Front Populaire Ivoirien
GPRA	Gouvernement Provisoire de la République Algérienne
GVC	Groupement à Vocation Coopérative
OCAM	Organisation Commune Africaine et Malgache
OEA	Organisation des Etats Américains
OMOCI	Office de la Main d'Œuvre de Côte d'Ivoire
OUA	Organisation de l'Unité Africaine
PDCI	Parti Démocratique de Côte d'Ivoire
PIB	Produit Intérieur Brut
PIT	Parti Ivoirien des Travailleurs
RDA	Rassemblement Démocratique Africain
RDR	Rassemblement Des Républicains de Côte d'Ivoire
UA	Union Africaine
UAM	Union Africaine et Malgache
UEMOA	Union Economique et Monétaire Ouest Africaine

Liste des photographies

1. L'Ambassadeur Arsène Assouan Usher (1965, New York)

2. Ambassadeur Aubrey Hooks des Etats-Unis d'Amérique et Maitre Arsène Assouan Usher, Maire de Grand Lahou à la Mairie de Grand Lahou

3. Maitre Arsène Assouan Usher, alors Ministre des Affaires Etrangères de Côte d'Ivoire, remettant au Président Félix Houphouët-Boigny son livre *La République de la Côte d'Ivoire au service de l'Afrique et de la Paix*

4. Dédicace du Président John F. Kennedy à l'Ambassadeur Arsène Assouan Usher: To your Excellence Arsène Assouan with very best regards, John F. Kennedy; (Traduction: A son excellence Arsène Assouan avec mes meilleurs souvenirs, John F. Kennedy)

5. Discours de bienvenue à Grand Lahou prononcé par Arsène Assouan Usher, Timothée

6. Maitre Arsène Assouan Usher, Vice Président de l'Assemblée Nationale. Présentation de la Constitution de la République de Côte d'Ivoire à l'Assemblée Nationale

7. Ambassadeur Arsène Assouan Usher, Président du Conseil de Sécurité pour le mois de Juin saluant le Secrétaire Général de l'O.N.U, Mr U Thant, Mr C.V. Narasimhan, Sous Secrétaire à l'Assemblée Générale et Chef de cabinet, et, en arrière plan le Professeur Jiri Hajek de Tchécoslovaquie.(ONU, New York , Le 3 juin 1964)

8. La Question de Chypre, Mr Arsène Assouan Usher, Président du Conseil de Sécurité s'entretient avec M. Nikolaï T. Fedorenko (U.R.S.S), (ONU, New York, le 18. juin 1964)

9. La Question du Cachemire: Mr Arsène Assouan Usher de la Côte d'Ivoire discute avec Sir Patrick Dean, du Royaume Uni

10. L'Assemblée Générale siège à propos de la position de la Côte d'Ivoire, la Thaïlande, l'Australie, le Mexique. Les membres de la délégation ivoirienne écoutent le débat à l'Assemblée Générale de l'ONU, à gauche Mr Arsène Assouan Usher, Ministre des Affaires Etrangères, Chef de la délégation (ONU, New York, le 27 septembre 1966)

11. La Question des territoires Portugais: Mr Arsène Assouan Usher de la Côte d'Ivoire en conversation avec Mr Roger Seydoux (ONU, New York, le 4 novembre 1965)

12. L'Ambassadeur Arsène Assouan Usher saluant le Premier Ministre d'Israël, Mme Golda Meir

13. Le Ministre des Affaires Etrangères, Mr Arsène Assouan Usher s'entretient avec le Secrétaire d'Etat américain, Mr William Rogers, à New York, le 1er Octobre. Mr Usher et Mr Rogers étaient à la tête des délégations de leurs pays respectifs à la 24ème Assemblée Générale des Nations Unies

14. L'Ambassadeur Arsène Assouan Usher s'adresse à l'Assemblée Générale des Nations Unies sur la situation au Congo (ONU, New York, le 29 mars 1961)

15. Le Conseil de Sécurité adopte une résolution concernant le procès de Rivonia en Afrique du Sud. Le Conseil de Sécurité a voté cet après-midi pressant le gouvernement d'Afrique du Sud d'en finir avec le procès des leaders anti-apartheid dans ce pays et de suspendre l'exécution de ceux qui sont déjà condamnés à mort. Le Conseil de Sécurité urge le gouvernement Sud Africain "d'amnistier toutes les personnes déjà emprisonnées, internées ou sujet à d'autres restrictions pour s'être opposées à la politique de l'apartheid et particulièrement pour les opposants dans le procès de Rivonia".

Mr Nathan Barnes du Libéria (à gauche) s'entretient à propos d'un document avec l'Ambassadeur Arsène Assouan Usher (Côte d`Ivoire), Président du Conseil de Sécurité pour le mois de Juin (ONU., New York, le 9 juin 1964)

16. La Question sur la situation en Afrique du Sud: Mr Alex Quaison Sackey du Ghana (à gauche) discute avec Mr Arsène Assouan Usher, Président du Conseil de Sécurité (ONU, New York, le 10 juin 1964)

17. L'Ambassadeur Arsène Assouan Usher, représentant permanent de la République de Côte d`Ivoire aux Nations Unies s'adressant au Conseil de Sécurité sur la Question de la Rhodésie du Sud (ONU, New York, le 30 Avril 1965)

18. Le débat sur la Rhodésie du Sud au Conseil de Sécurité: le Secrétaire Général examine un document avec des membres du Conseil. De gauche à droite: Mr U Thant, Mr.Abdul Monem Rivfavi (Jordanie), Mr Arsène Assouan Usher (Côte d`Ivoire), M Radhakrishna Ramani (Malaisie), Président du Conseil (5 mai 1965)

19. Arsène Assouan Usher, Président du Conseil de Sécurité

20. Les Présidents Félix Houphouët-Boigny, Bourguiba, et Maître Arsène Assouan Usher à l'arrière plan.

21. Maitre Arsène Assouan Usher, Ministre des Affaires Etrangères de la République de Côte d'Ivoire saluant l'Empereur Hailé Sélassié.

22. Maitre Arsène Assouan Usher, Ministre des Affaires Etrangères de Côte d'Ivoire et le Pape Paul VI

23. Famille Usher: enfants et petits enfants à Grand Lahou en 1996 à l'occasion du 41ème anniversaire de mariage de Mr et Mme Usher

Côte d'Ivoire: généralités

Au Sud du Sahara, en Afrique de l'Ouest, la Côte d'Ivoire est un quadrilatère de 322.462 km². Au Nord, elle est limitée par le Mali et le Burkina Faso (ancienne Haute-Volta). A l'Est, le Ghana est son voisin tandis que sa frontière Ouest longe le Libéria et la Guinée. Sa côte méridionale, bordée de lagunes, est baignée sur plus de 500 km par l'Océan Atlantique. Le Nord du pays est couvert par la savane, le centre par la forêt claire et le Sud par la forêt dense. Une population totale de 17.298.040 habitants[1] répartie entre 60 ethnies regroupées en 4 grandes cultures vit dans le pays: les Mandé dans le Nord-ouest, les Voltaïques dans le Nord-est, les Krou dans le Sud-ouest et le Centre-ouest, les Akan dans l'Est, le Centre et le Sud-est. Terre d'accueil et d'activité économique, le pays compte un nombre important de ressortissants de divers pays non africains. De nombreux ressortissants de la sous-région ouest africaine (Bénin, Burkina Faso, Ghana, Guinée, Libéria, Mali, Mauritanie, Niger, Nigéria, Sénégal, Togo) vivent également le plus souvent en bonne intelligence avec les nationaux.

En 1893, la France, puissance coloniale, fait de ce territoire la Colonie de Côte d'Ivoire. Le premier Syndicat Agricole Africain est créé en 1944 par Félix Houphouët-Boigny pour lutter contre les injustices du système colonial. Député depuis 1945 à l'Assemblée Nationale Constituante française, en 1946 il réussit à faire abolir le travail forcé dans toutes les colonies françaises. En avril de la même année, il crée le Parti Démocratique de Côte d'Ivoire (PDCI), parti politique ivoirien intégrant en tant que section ivoirienne le parti panafricain le Rassemblement Démocratique Africain (RDA) né en octobre. Dix ans plus tard, il devient Ministre délégué à la présidence du Conseil. En 1958, la Constitution française crée la Communauté Française ou Communauté au sein de laquelle notre pays devient une République autonome. Le 7 août 1960, la Côte d'Ivoire est indépendante et Félix Houphouët-Boigny est élu Président de la République.

De l'Indépendance aux années 1970, notre pays connait une prospérité sans égale en Afrique de l'Ouest. A partir des années 1980, nous entrons dans une période de difficultés économiques.

Le Père Fondateur décède en 1993. Le successeur constitutionnel, Henri Konan Bédié le remplace. En 1994, la Côte d'Ivoire affronte aavec succès la dévaluation de sa monnaie. En 1995, Henri Konan Bédié remporte les élections présidentielles.

En 1999, le Général Robert Guéï prend le pouvoir à la suite d'un coup d'Etat. L'instabilité politique s'installe. Laurent Gbagbo est élu premier Président de la deuxième République en Octobre 2000.

En 2002, une rébellion armée organise un autre coup d'Etat qui, manqué, aboutit à un soulèvement armé et à la division du pays en deux parties. L'Armée française intervient et établit une zone de confiance entre la zone rebelle au Nord et en partie à l'Ouest, et, la zone loyaliste au Centre et au Sud. En 2003, les Accords Kléber dits de Marcoussis, initiés par la France, sont signés et calment la discorde. En juillet 2003, la fin de la guerre est déclarée. En 2004, l'ONU reconnaît le bien fondé des Accords et condamne le pays à les appliquer. Mais, les affrontements reprendront sporadiquement.

En 2007, les Accords de Ouagadougou débouchent sur un démantèlement progressif de la zone de confiance, l'amnistie sauf pour infractions économiques, une procédure de révision des listes électorales devant permettre l'inscription de 3 millions de nouveaux électeurs. Depuis le 29 mars 2007, Guillaume Soro (ancien chef de la rébellion) est Premier Ministre, chef du gouvernement. Le 30 juillet 2007, la cérémonie de la Flamme de la Paix est organisée à Bouaké et ce jour est décrété férié. L'instabilité politique a provoqué de nombreuses victimes, de grandes douleurs ainsi que des traumatismes profonds.

La Côte d'Ivoire aspire à des élections libres et démocratiques qu'elle s'efforce d'organiser en 2010.

Proclamation

Sauvons la Côte d'Ivoire, soyons donc des artisans de paix
Quand domine la haine, que nous annoncions l'amour
Quand blesse l'offense, que nous offrions le pardon
Quand sévit la discorde, que nous bâtissions la paix
Quand s'installe l'erreur, que nous proclamions la vérité
Quand paralyse le doute, que nous réveillions la foi
Quand pèse la détresse, que nous ramenions l'espérance
Quand s'épaississent les ténèbres, que nous apportions la lumière
Quand règne la tristesse, que nous libérions la joie.

Maître Arsène Assouan Usher

Côte d'Ivoire, Havre de Paix

Arsène Assouan USHER, Mandataire du Président Félix Houphouët-Boigny

De ce sanctuaire dédié à la Paix sous le regard de Notre Dame de la Paix[1] retentit, depuis le 1 juillet 1989, sans cesse aux oreilles du monde, l'évangile de la Déclaration de la Paix dans l'Esprit de l'Homme: "Désarmer l'esprit pour désarmer les mains". Ce pays, qui a assumé la Présidence du Conseil de Sécurité et la Présidence de l'Assemblée Générale des Nations Unies, condamné au titre du chapitre VII de la Charte des Nations Unies! Quelle erreur! Quelle maldonne!

Je suis Arsène Assouan Usher né le 24 octobre 1930, orphelin de père à l'âge de 9 ans. En 1944, je fais la connaissance du médecin africain[2] Félix Houphouët-Boigny. Et, depuis l'âge de 15 ans, à la suite du Président Félix Houphouët-Boigny, j'arpente les allées du temple politique de la Côte d'Ivoire. En 1945, je suis pendant 15 jours prisonnier politique pour avoir pris la défense d'un réquisitionné au travail forcé. En 1946, à 16 ans, je contribue à la création de la section PDCI de Grand-Lahou. En 1948, à 18 ans, considéré comme "une brebis galeuse" qui fait de la politique, je suis renvoyé du Collège avec interdiction d'inscription dans tous les établissements scolaires de l'Afrique Occidentale Française (AOF) pour avoir prononcé le discours d'accueil du Député Houphouët-Boigny à Grand-Lahou. En 1948, clandestinement, je vais en France et y séjourne jusqu'en 1956. J'y poursuis mes études au Lycée Ronsard de Vendôme, au Lycée Montaigne de Bordeaux et à l'Université de Poitiers.

Maitre Arsène Assouan Usher, alors Ministre des Affaires Etrangères de
Côte d`Ivoire, remettant au Président Félix Houphouët-Boigny son livre
La République de la Côte d'Ivoire au service de l'Afrique et de la Paix

En 1955, je suis Avocat stagiaire au barreau de Poitiers.En 1956, Félix Houphouët-Boigny est nommé Ministre Délégué à la Présidence du Conseil dans le gouvernement français de Guy Mollet. Le Ministre Félix Houphouët-Boigny me nomme Attaché de Cabinet, chargé des relations avec les Institutions : Parlement, Sénat, Conseil Economique et Social. A ce titre, je contribue à la rédaction de la Loi-cadre Deferre-Houphouët-Boigny[3] du 23 Juin 1956 qui donne aux colonies l'autonomie interne avec un Conseil de gouvernement, une Assemblée et une modification de la loi sur la Communauté fédérative dans laquelle Félix Houphouët-Boigny fait inscrire le droit à chaque Etat fédéré de prendre l'indépendance à tout moment.En 1957, je reviens en Côte d'Ivoire pour créer la Caisse de compensation et de prestations familiales (actuelle CNPS), et en suis nommé Directeur adjoint. Je suis élu Conseiller Général, Député de Grand-Lahou, Vice-président de l'Assemblée Nationale[4].

Je deviens également l'initiateur de la loi qui porte le Président Houphouët-Boigny à la tête du Gouvernement comme Président du Conseil de Gouvernement. La confiance du Président Houphouët-Boigny me permet de contribuer, d'une part, à la rédaction de la loi qui fait de la Côte d'Ivoire une République, et d'autre part, à la rédaction et à l'adoption de la Constitution de la République de Côte d'Ivoire.

La Communauté (fédérative et égalitaire), initiée principalement par le Général De Gaulle et le Président Houphouët-Boigny, est adoptée le 28 Septembre 1958, (la Guinée accède à l'indépendance pour avoir été contre). Une fois cette Communauté adoptée, la France veut lui substituer une Communauté dite rénovée. Le Président estime que, dans la Communauté, la seule option est l'indépendance et le 7 Août 1960, dans la paix, nous conduisons la Côte d'Ivoire à l'indépendance.

Le Président a toujours voulu que l'Ivoirien soit un croyant. D'ailleurs tous les Africains sont des croyants en un Dieu unique. Il s'adresse à moi : "Nous allons considérer notre indépendance comme une contribution à la cause de la paix entre les hommes et les nations. Toi qui connais des religieux, ne peuvent-ils pas nous préparer l'Hymne National ?" Je vais voir plusieurs religieux. Les séminaristes à Bingerville: Michel Gayi écrit une musique, Marcel Eboï des paroles. A Dabou, l'Abbé Pango, Vicaire de Dabou, compose une autre musique. A Treichville, l'Abbé Coty, aujourd'hui Monseigneur Coty, crée les paroles de l'Abidjanaise avec l'Abbé Jacques Nomel. Je présente les deux hymnes et, celui des

Abbés Pango et Coty est adopté. Ainsi la "Côte d'Ivoire devient une Terre de l'Espérance que Dieu a promise à l'humanité. La Côte d'Ivoire est pays d'hospitalité, alors Ivoiriens tous unis dans la foi (en Dieu), la foi nouvelle, forgeons la patrie de la vraie fraternité."

Le premier incident éclate : Le Sanwi[5] invoque son traité de protectorat avec la France pour se détacher de la Côte d'Ivoire. Un gouvernement est constitué et s'exile au Ghana. Le Président Houphouët-Boigny me charge d'aller négocier avec les exilés, d'obtenir leur retour et leur réintégration. Je reviens avec les jeunes cadres. Je fais nommer à la place du Préfet Hacandy, le Préfet Hyacinthe Abouathier. Avec lui, dialoguant avec le peuple Sanwi, nous réglons le problème et assurons la paix dans le Sanwi.

En Décembre 1960, je suis nommé Ambassadeur Délégué Permanent aux Nations Unies. De 1960 à 1961, je me mets à recenser, étudier, analyser les grands problèmes internationaux. Les causes immédiates ont parfois une origine lointaine. En 1962, président du Groupe Afro-asiatique[6], je conduis une délégation négocier avec les grands de ce monde pour éviter la IIIème guerre mondiale. Le rôle joué par la Côte d'Ivoire est si bien apprécié qu'en 1964 elle est élue membre non-permanent du Conseil de Sécurité et se met alors au service de l'Afrique et de la recherche de la paix dans la résolution de nombreux conflits. Ainsi, la Côte d'Ivoire est considérée comme un artisan de la paix. Le Secrétaire Général, U Thant, me propose comme Secrétaire Général Adjoint des Nations Unies. Le Président Houphouët-Boigny refuse et propose Djermakoye du Niger. Après le mandat d'U Thant, je suis proposé Secrétaire Général des Nations Unies. A nouveau, le Président estimant avoir besoin de moi à l'intérieur du pays, une dernière fois, rejette l'offre et l'Egypte présente Boutros-Ghali. Le Président, en 1966, me nomme Ministre des Affaires Etrangères, poste que j'occupe jusqu'en 1977.

Continuant de bénéficier de la confiance du Président, je suis associé à la recherche de solutions à d'autres problèmes : le fameux complot[7], la révolte des Guébiés[8], les grèves des étudiants, la Réforme 1977 de l'éducation. En 1989, le Président me désigne pour présider la Commission de synthèse des travaux des vingt-quatre groupes socioprofessionnels chargés de proposer la solution à la crise socioéconomique.

Dédicace du Président John F. Kennedy à l'Ambassadeur Arsène
Assouan Usher: To your Excellence Arsène Assouan with very best
regards, John F. Kennedy; (Traduction: A son excellence Arsène
Assouan avec mes meilleurs souvenirs, John F. Kennedy)

Je suis nommé Expert des Nations Unies à la Commission des Droits de l'Homme à Genève, et coopté membre du jury international de l'Institut de la Vie[9] à Paris. Tous les membres du jury sont des Prix Nobel. A la première réunion, il m'est expliqué que la Vie n'est pas seulement biologique mais un compromis. Et, à mon étonnement, j'apprends que je suis coopté pour être le diplomate à avoir résolu aux Nations Unies, au nom de la Côte d'Ivoire, le plus de problèmes par compromis.

La Côte d'Ivoire est considérée comme un havre de paix. En 1989, l'UNESCO tient un congrès international sur La Déclaration universelle de la paix dans l'esprit de l'homme à Yamoussoukro et crée le Prix Houphouët-Boigny pour la recherche de la paix. Durant ce congrès, je suis nommé Vice Président et Rapporteur de la Commission des sept experts chargée de la rédaction de la Déclaration universelle de la paix dans l'esprit de l'homme. Et c'est dans ce cadre que nous avons affirmé que, de l'antiquité à nos jours, les guerres naissent de l'esprit d'annexion et de la mentalité de spoliation d'où la nécessité de "désarmer l'esprit pour désarmer les mains". La Capitale Yamoussoukro, a servi et sert de Minaret pour lancer cette Déclaration, elle ne saurait en aucun cas être une source de guerre. A ce congrès, sur instruction du Président Houphouët-Boigny, je fais adopter que le premier de tous les droits de l'Homme soit le Droit à la Vie. Oui, frères et sœurs ivoiriens et résidents, c'est ça la Côte d'Ivoire d'Houphouët-Boigny. Le Droit à la Vie reste notre citadelle, notre rocher et nous sommes inébranlables.

La Côte d'Ivoire, membre du Conseil de Sécurité, Président du Conseil de Sécurité, s'est toujours abstenue de prendre part aux luttes antagonistes, aux tourbillons, aux exactions, aux crises qui secouent le monde. En un mot, toujours agir en évitant l'improvisation, l'impulsion, les initiatives hasardeuses, convaincue que la guerre n'a jamais rien réglé, que la paix est le bien suprême des Hommes et des Nations. La Côte d'Ivoire s'est donnée comme doctrine la tolérance, l'adhésion à la politique de coexistence pacifique. Par la méthode du dialogue et de la négociation, l'application de ces principes lui a permis de régler tous les problèmes passionnels nés de l'Equilibre de la Terreur touchant des pays frères et amis. On n'affirme jamais assez le rôle joué par la Côte d'Ivoire pour la paix dans le monde.

Le problème mondial

La guerre planétaire

Le début du XXème siècle a été marqué par l'apparition d'un problème mondial d'une importance exceptionnelle pour l'humanité: la guerre planétaire. Les guerres qui sont pour les hommes une source de malheurs et de souffrances se sont transformées en un danger menaçant l'existence même de l'espèce humaine.

Ensuite, dès la période de l'entre-deux-guerres mais surtout dans les années qui ont suivi la dernière guerre, l'opinion a commencé à s'intéresser sérieusement au problème de la population et, par conséquent, au moyen d'assurer la subsistance des générations futures. Aujourd'hui, en cette fin de XXème siècle, des centaines de milliers d'êtres humains souffrent de malnutrition, 30 à 40 millions meurent chaque année de faim avec des conséquences catastrophiques sur le développement économique et industriel des jeunes pays indépendants à cause de l'exploitation intensive des anciennes colonies. De plus, la crise pétrolière suscite des alarmes.

Le problème mérite la plus grande attention sur le plan scientifique et pratique au moment où se fait l'internationalisation accélérée de la vie économique et de la vie sociale. Tant pour la planification à long terme que par le développement de la coopération internationale, le problème se pose avec acuité.

Origine des problèmes mondiaux

On y classe les facteurs de développement social où s'exacerbent manifestement au plus haut point les contradictions engendrées par des situations présentes ou prévisibles, et, où les disproportions de la croissance et certains disfonctionnements ont entraîné ou peuvent entraîner dans l`avenir des conséquences catastrophiques.

Parmi les problèmes contemporains on mentionne:

- La nécessité de réunir les conditions d`un équilibre entre dynamique démographique et développement des forces productives d`une population mondiale.

- La difficulté de pourvoir aux besoins alimentaires d`une population en extension.

- Le déficit croissant de ressources énergétiques facilement accessibles.

- L'épuisement de nombreuses matières premières minérales absolument indispensables à la production contemporaine ainsi que l'insuffisance des ressources en eau douce et en terres fertiles.

- La pollution croissante de l`environnement due à l`Homme.

- La propagation de maladies infectieuses dangereuses due à l`Homme.

- La propagation de maladies infectieuses dangereuses dans un monde où une importante frange de la population mondiale manque de soins médicaux de base.

Problème Mondial

1917-1945: naissance du socialisme et commencement de son édification en URSS, début de la crise du capitalisme et de l`effondrement du colonialisme, écrasement du fascisme.

1946-1975: avènement et extension du socialisme comme système mondial et construction du socialisme avancé en URSS, liquidation du colonialisme mondial et accession à l`indépendance nationale de presque tous les peuples du monde.

En cette période de nouvelle phase de l'évolution des relations politico-militaires entre pays socialistes et pays capitalistes, après l'alliance contre Hitler et la Guerre froide, c'est la Détente, mais, qui toutefois ne se traduit pas par l'arrêt de la course au réarmement.

1976-2000: cette troisième étape est caractérisée par le passage des pays capitalistes et socialistes développés à une phase de développement intensif et également par la diffusion du progrès technique dans l'économie des pays en développement et leur entrée dans la période du développement intensif. Malheureusement, le nouveau tournant dans la relation politico-militaire entre socialistes et capitalistes a été marqué par le rejet de la Détente avec, par aggravation, la confrontation et l'intensification de la course au réarmement.

En 1960-1970, est survenu un autre problème: les moyens de combler le retard des pays décolonisés. Ce débat ne naît pas seulement des revendications légitimes des peuples de ces pays mais aussi de la nécessité de prévenir les très graves conséquences, qui risquent de devenir catastrophiques, de l'accentuation des disparités au niveau du développement économique entre les jeunes pays indépendants et les pays industrialisés excédentaires lesquels poursuivent sous d'autres formes leur exploitation intensive des anciennes colonies.

De plus, l'appauvrissement en ressources naturelles est jugé d'autant plus grave qu'il concerne les jeunes pays développés. La crise pétrolière de 1970 suscite des alarmes et des appréciations divergentes. Le CI 115 découvert en Côte d'Ivoire au large de Grand Lahou en fait un des premiers producteurs surtout que la conquête et l'exploitation pacifiques des richesses de l'Ivoirien sont venues s'intégrer aux problèmes mondiaux.

Je suis depuis, 1945, disciple de Houphouët-Boigny, un nom qui rime avec la paix, artisan de paix, qui a fait de la Côte d'Ivoire un pays de l'hospitalité, une patrie de la vraie fraternité, une plateforme démocratique de la paix en Afrique et dans le monde. L'un des rares pays d'Afrique qui a présidé le Conseil de Sécurité et l'Assemblée Générale des Nations Unies. C'est ce pays qui, depuis quatre ans, est attaqué et compte des millions de morts, une armée de veuves, une armée de pleureuses, une armée d'orphelins, des déplacés, des réfugiés, Qui l'eut cru?

Toutes les guerres, y compris les guerres de colonisation, sont nées de l'esprit d'annexion et de la mentalité de spoliation. Parce que les accords mettant fin à la guerre de 1914-1918 ont légitimé l'esprit de vengeance et la mentalité de spoliation, ils ont engendré la guerre mondiale de 1939-1945. Quant aux conférences qui ont clos cette IIème guerre, ils n'ont pas aboli l'esprit d'annexion et la mentalité de spoliation. Aussi, la paix que nous connaissons depuis, n'est qu'une paix armée onéreuse, Guerre Froide Est-Ouest (socialisme contre capitalisme) mais guerre chaude par interposition (Nord-Sud) qui ne tient que par l'Equilibre de la Terreur.

La puissance, au lieu de se mesurer en construction, se mesure en destruction car l'Equilibre de la Terreur est une course au réarmement (1500 milliards de dollars par an) avec de tristes conséquences humaines et naturelles dans les rapports Nord-Sud. Nous vivons des guerres localisées qui ne sont que des variantes du conflit Est-Ouest.

Cet Equilibre est, en outre, marqué par la détérioration des termes de l'échange, la soi-disant loi du marché qui est la manifestation de la mentalité annexionniste et de l'esprit de spoliation restés vivaces avec toujours pour victime, le Sud: le Tiers-Monde s'endette, s'appauvrit, le fossé Nord-Sud s'approfondit, le profit de son travail est confisqué.

Pour le Tiers-Monde que nous sommes, des faits économiques entraînent une division Nord-Sud qui vient se superposer à la division Est-Ouest et l'aggrave. En vérité, les lois de l'interdépendance, avec cet esprit d'annexion et la mentalité de spoliation qui persistent, nous engagent sur une trajectoire qui conduit fatalement à la collision entre le suicide et la survie. Malheureusement, c'est le vrai problème de la Côte d'Ivoire, la synthèse du Sud: un pays riche mais à la merci de ces spéculateurs que le Père Fondateur a qualifié d'irresponsables responsables de nos malheurs.

Contre la guerre, qu'elle soit par les armes ou par l'économie, l'Afrique Noire devrait proposer la Paix. La Paix ne s'obtient que par le dialogue, la justice, la tolérance. Aussi, pour nous Houphouëtistes: Si vis Pacem Para Pacem et non Para Bellum (Si tu veux la paix, prépare la paix et non la guerre)

Il faut faire naître dans l'esprit des générations le mépris de la haine donc le mépris de la guerre. Il nous faut rétablir les conditions de la paix permanente: la paix des cœurs et des esprits, celle qui résulte de l'harmonie entre les multiples facteurs régissant l'environnement de l'homme, l'harmonie sereine que les groupes sociaux développent entre eux, celle qui provient de la conscience qu'ont les hommes de leur destin commun et qui leur permet l'accès au progrès et au bonheur. Mais, retenons que "l'Homme qui a faim n'est pas un Homme libre". Il serait vain de compter sur lui pour promouvoir la paix.

La guerre prend naissance dans l'esprit des Hommes. Elle est, en effet, le résultat de l'interaction entre la dotation génétique et l'éducation. Cette paix ordonne la liberté conditionnée par le droit à la vie. La guerre est le produit de la culture, il faut donc "Désarmer l'esprit pour désarmer la main".

La Déclaration universelle de la paix dans l'esprit des Hommes Yamoussoukro, 1989

L'Unesco a tenu à Yamoussoukro l'Assemblée Générale sur la Paix qui a produit la Déclaration de Yamoussoukro sur la Paix dans l'Esprit des Hommes. Les valeurs fondamentales affirmées par cette Déclaration sont :

- Le respect de la vie

- Le respect de la nature

- La tolérance

- Le respect de la diversité culturelle

- L'amour du dialogue

- La confiance réciproque

- La solidarité

Désarmer l'esprit pour désarmer la main. Le Président Félix Houphouët-Boigny n'a-t-il pas averti que : "La paix est un comportement"?

Histoire de l'Afrique

"Tous les africains se doivent de s'unir, de se concerter afin de soustraire leur pays à de funestes compétitions. Ils doivent s'unir, se concerter afin qu'ensemble ils puissent faire de cette Afrique vieille et jeune à la fois la terre de réconciliation des peuples." Félix Houphouët-Boigny, 7 Août 1960

De la lecture de l'histoire, l'Afrique est et demeure le continent le plus humanitaire, le continent le plus riche, le continent de l'homo sapiens d'où est partie la civilisation. L'Afrique est le plus grand continent de l'histoire des hommes.

Cette histoire débute par l'Egypte, berceau de la civilisation, d'où Charlemagne a tiré l'organisation constitutionnelle et socio politique de l'Europe. Dans l'Egypte pharaonique, les dignes représentants qui portèrent le témoin aux Blancs étaient dûment préparés, instruits, formés en Afrique, au centre du savoir et des connaissances: Solon, Thalès, Pythagore, Hérodote, Socrate, Platon, Eudoxe, Lycurgue, Aristote, Archimède, Eratosthène, Shabon, Diodore de Sicile. Pythagore était le plus aimé de ses maîtres et a vécu 28 ans avec eux pour s'instruire à leurs sciences et à leurs connaissances.

En Afrique sont nés les premiers grands empires structurés, organisés de ce monde: le Ghana, le Bénin, le Maroc, l'empire Songhaï et l'empire du Mali avec Soundiata Kéita. Le continent, à travers la Libye, l'Abyssinie, l'Ethiopie, fut le site des plus riches et des plus grandes civilisations qui aient jamais existé. Dans le Royaume du Bénin au XVe siècle (avec le roi Ewaré le Grand, en 1472), tout s'accorde dans une société structurée, hiérarchisée, du roi, aux ministres, gouverneurs, chefs descendant d'échelon en échelon jusqu'à l'homme du village. Cette Afrique avait une prédominance politique qui s'expliquait par une prédominance technique, une connaissance scientifique développée grâce à ses universités et même une faculté de médecine à Tombouctou.

L'Afrique connaissait même le christianisme: Dom Henrique, fils d'Affonso 1er du Kongo devint le premier évêque Kongolais en 1518.

L'Afrique était un continent riche qui se servait de monnaies d'or, de cuivre, connaissait l'utilisation du fer, et fabriquait des armes, pratiquait l'agronomie. Certains royaumes qui la composaient se trouvaient à un important carrefour entre les mines de sel et les mines d'or et avaient une parfaite organisation du commerce. L'Afrique favorisait et entretenait des échanges commerciaux extrêmement actifs à une époque où l'économie de l'Europe était stagnante, on parlait alors de l'âge des ténèbres.

On ne répétera pas assez que l'Afrique était un continent de paix, d'une splendeur hospitalière. Jusqu'aujourd'hui, ne nous apprend-t-on pas qu'un étranger est un envoyé de Dieu? Cette Afrique hospitalière ne reposait que sur l'humanisme. Aussi, ne devait-t-elle pas résister par la force aux bandes venues du Nord, qui de 1075 á 1571 ne cesseront de la harceler. Hélas, la chute de l'Afrique antique fut marquée par trois conquêtes: la conquête Perse en 525 av. JC, la conquête grecque en 333 av. JC et la conquête romaine en 30 av. JC. Puis suivirent l'assujettissement et la stabilisation nés de l'élan esclavagiste à travers la traite négrière : cent mille Africains par an pendant trois siècles au profit du développement des Amériques avec cette lourde séquelle, l'impérialisme économique.

L'esclavage et la traite négrière supposés abolis, le Congrès de Berlin (1884-1885) impose le partage de l'Afrique en colonies de l'Europe avec la plus grande portion á la France. Et cette colonisation, instaurant le travail forcé, n'est qu'une forme d'esclavage au profit du développement de l'Europe. Il faut reconnaître que l'Afrique est d'une exceptionnelle vitalité.

Mais, voici qu'en Europe naissent le fascisme et le nazisme. Hitler, sous le prétexte de la défense d'une race aryenne supérieure, veut imposer à l'Europe ce que celle-ci a imposé à l'Afrique, occupation et colonisation. Alors, naît la Grande Alliance entre la Russie, la Chine, les Etats-Unis, la Grande Bretagne et la France contre l'Allemagne hitlérienne. Cette guerre mondiale (1939-1945) ayant menacé la sécurité collective, l'Organisation des Nations Unies est créée et sa Charte proclame le droit à l'auto-détermination, le droit à l'auto-administration. Aucun pays ne peut plus en coloniser un autre.

La victoire acquise, la Grande Alliance qui n'a été qu'occasionnelle et circonstancielle se disloque: la Chine et la Russie (communiste, socialiste, à gauche) contre les Etats-Unis, la Grande Bretagne, la France (capitaliste, à droite). Une guerre idéologique s'ensuit. L'armement d'un côté comme de l'autre est si important qu'on aboutit à un principe pour régler désormais le problème de la guerre : celui qui détruit l'autre ne survivra que quinze minutes. En effet, l'armement ne conduit pas à la paix, il ne conduit pas à la guerre, mais à l'Equilibre de la Terreur, Guerre Froide mais chaude par interposition. C'est ce qui a fait dire au Président Félix Houphouët-Boigny que la vraie paix ne s'obtient que par le dialogue, la justice et la tolérance.

Or l'Afrique colonisée a participé à la deuxième Guerre Mondiale aux côtés de la Grande Alliance. Alors, le grand problème des pays colonisés est que les pays colonisateurs tentent de contourner la Charte. L'Angleterre regroupe ses anciennes colonies dans le Commonwealth qu'elle préside. Le grand litige est que les parties des pays sous son mandat sont intégrées à ses anciennes colonies : une partie du Cameroun intégrée au Nigeria, une partie du Togo intégrée au Ghana.

Quant à la France, elle estime n'avoir pas de colonies mais procurer à ses territoires une République Une et Indivisible. Au moins, que l'impérialisme économique demeure.

Chapitre premier

La Côte d'Ivoire et la France

"L'indépendance est synonyme de liberté, la liberté exige le développement, le développement est conditionné par la paix permanente, la paix permanente ne s'obtient que par le dialogue, la justice et la tolérance." Félix Houphouët-Boigny

La Côte d'Ivoire a connu la violence de la colonisation: le travail forcé, une forme d'esclavage dont sont victimes les jeunes réquisitionnés drainés dans les plantations des colons. Le travail forcé a des conséquences démographiques désastreuses. Les planteurs africains sont brimés par des mesures discriminatoires. Alors, naît le Syndicat Agricole Africain avec Félix Houphouët-Boigny à sa tête. Houphouët-Boigny, furieux, dénonce "ces brutes, gaspilleurs de main-d'œuvre". Il est élu député en 1945 et fait adopter la Loi Houphouët-Boigny contre le travail forcé en 1947. Le travail forcé est enfin aboli. Le PDCI devient la formule politique du Syndicat en 1946.

Malgré l'abolition du travail forcé, la Côte d'Ivoire continue d'être victime de violences.

Les colons en sont les auteurs et le Président Houphouët-Boigny recommande: "Ne répondez pas à la violence par la violence. Qui sait défendre ses droits sans rendre le coup est l'homme fort". L'objectif de ce grand messager est de libérer la Côte d'Ivoire par des moyens pacifiques, de contribuer à libérer l'Afrique et préserver la paix dans le monde. Et le Président Houphouët-Boigny ne cesse de répéter: "Ne portez aucune atteinte à la vie de votre prochain, c'est un homme, votre frère".

Mais voici que la deuxième guerre mondiale terminée, les puissances coloniales contournent la Charte des Nations Unies qui proclame le droit de tous les peuples à disposer d'eux-mêmes. La France affirme n'avoir pas de colonies, mais former avec ses territoires une République Une et Indivisible comme le stipule le titre VIII de sa Constitution et en vertu duquel elle décide de créer l'Union française[1] en 1946. Le Président Houphouët-Boigny réplique: "C'est en homme libre que nous entendons vivre dans l'Union Française or nous ne sommes pas tous libres". Le postulat est posé : liberté individuelle, égalité des droits politiques et sociaux.

En 1949-1950 une répression farouche contre le RDA, luttant pour l'indépendance, s'abat sur la Côte d'Ivoire, avec des martyrs. Sur ces drames plane une tristesse infinie, la Côte d'Ivoire frôle l'insurrection. Houphouët-Boigny apaise les Ivoiriens et nous dit que rien ne justifie la guerre, qu'il nous faut nous calmer dans l'intérêt du vrai combat pour la liberté, la dignité, que les colons s'en iront sans que nous ayons à tirer un seul coup de fusil. En 1950, à l'étonnement de tous les colons, Houphouët-Boigny rencontre René Pleven, Président du Conseil (chef du gouvernement français): "Nous entendons recevoir la dignité de l'homme africain" dit Houphouët-Boigny, "Faites confiance à la France" répond Pleven. Et ce dialogue conduit à la collaboration.

En 1956, Houphouët-Boigny entre au gouvernement comme Ministre délégué auprès du Président du Conseil. A 26 ans, avocat à Poitiers, je suis nommé Attaché de cabinet chargé des relations avec les Institutions. C'est sous l'impulsion du Ministre Houphouët-Boigny que la France accepte pour ses colonies une politique novatrice et positive avec la Loi-cadre Defferre Houphouët-Boigny à la rédaction de laquelle je participe. Nos sociétés sont désormais libérées. Les colonies deviennent des territoires autonomes dotés d'un gouvernement responsable devant une assemblée démocratiquement élue. On parle alors de véritable exécutif dans les territoires d`autonomie interne et un grand débat s'engage!

En 1958, De Gaulle accède au pouvoir, il décide de conduire les territoires, qui avec la Loi-cadre ont un exécutif responsable devant l'Assemblée, à la gestion de leurs propres affaires en substituant à l'Union Française la Communauté mais toujours dans la République Une et Indivisible. Houphouët-Boigny, Président du RDA, est d'accord

Discours de bienvenue à Grand Lahou prononcé
par Arsène Assouan Usher, Timothée

à condition que ce soit une Communauté fédérative égalitaire. Pour qu'il en soit ainsi, il faut qu'il y ait une décentralisation économique, le transfert des usines qui transforment nos matières premières dans nos territoires afin que désormais nos Etats ne vendent plus de matières premières mais des produits finis. Il s'agit de consacrer ainsi la fin de l'impérialisme économique.

Entre le Ministre Pflimlin qui estime que c'est brader les territoires d'Outre-mer et le ministre Houphouët-Boigny qui menace de démissionner s'instaure un débat houleux. Le Ministre Paul Reynaud propose que la Communauté fédérative soit revue tous les cinq ans. Le Général De Gaulle suggère que les propositions de Paul Raynaud soient un amendement. Houphouët-Boigny s'oppose estimant que c'est "constitutionaliser la méfiance" et "qu'à la confiance que les Africains font à la France, qu'elle leur fasse une égale confiance". De Gaulle propose alors que la Constitution de la Communauté fédérative soit amendée par l'indépendance à prendre à tout moment. Houphouët-Boigny accepte et nous confie : "Plus de guerre de décolonisation, le droit à l'indépendance est désormais constitutionalisé"

La Constitution de la Communauté est adoptée par référendum le 28 septembre 1958. La Guinée qui a voté 'non' accède à l'indépendance, Houphouët-Boigny confie aux jeunes que nous sommes : "C'est parce que nous avons votez "oui" que la Constitution est adoptée et que la Guinée accédera à l'indépendance. Nous qui avons voté 'oui' ils vont nous amener l'indépendance sur un plateau d'or". C'est un langage de messager. En effet, le 28 octobre 1958, le Président de la Communauté, le Général de Gaulle, prend fonction. Le 5 janvier 1959, le Conseil Exécutif se réunit. Les 3 et 4 février, le Président et les membres de la Cour prêtent serment. Le 5 mars 1959, le Sénat tient sa première réunion

Mais dès 1960, des tergiversations françaises s'annoncent vigoureuses. La thèse, datant de l'Union Française, du Président Herriot de l'Assemblée Nationale, stipulant "ne vouloir ni d'une fédération égalitaire acéphale et anarchique, ni d'une assimilation qui fera de la France la colonie de ses colonies", triomphe. La France décide de suspendre cette Communauté fédérative qui posait le problème de l'indépendance économique et d'y substituer une Communauté rénovée[2]. Autour de cette proposition se circonscrira le débat. Certains

Etats comme le Sénégal et le Mali acceptent. La France convoque une réunion le 27 Juillet à Paris pour l'approbation de la Communauté rénovée. Le 24 juillet, le Président Houphouët-Boigny annonce qu'il se rend au rendez-vous de la vérité et de la sincérité, qu'il se rend à Paris pour informer les autorités françaises que, conformément à la Constitution de la Côte d'Ivoire, il opte pour l'indépendance et que le 7 Août 1960 il proclamera l'indépendance de la Côte d'Ivoire. La Côte d'Ivoire est sanctionnée: les parlementaires et les anciens combattants ne percevront pas les mêmes montants d'indemnité que ceux du Sénégal et du Mali car ces 2 pays ont accepté la Communauté rénovée. La France concède l'indépendance à la Côte d'Ivoire avec cet humour: "Tant que demeure l'impérialisme économique, les colonies ne cessent pas d'être colonies même indépendantes".

Le 7 Août 1960, à minuit, la Côte d'Ivoire accède à l'indépendance avec l'Etat et la Nation à construire. "Après soixante-dix sept ans de privation de liberté, quinze ans durant nous avons lutté patiemment. Aujourd'hui, nous venons vous offrir l'aboutissement de notre combat" dit le Président Houphouët-Boigny qui, hélas, ajoute: "la lutte continue, l'indépendance est synonyme de liberté, la liberté exige le développement, le développement est conditionné par la paix permanente, la paix permanente ne s'obtient que par le dialogue, la justice et la tolérance".

Et le Père Fondateur, Président du Rassemblement Démocratique Africain, premier mouvement panafricain créé au pays de Soundiata Keita, de proclamer: "C'est à la cause de la paix à l'intérieur, à la paix en Afrique, à la paix dans le monde et à l'unité africaine que l'indépendance de la Côte d'Ivoire sera consacrée".

Et il précise: "Plus nous réfléchissons, plus nous nous apercevons que notre liberté sera illusoire si nous ne reprenons pas progressivement en mains la gestion de notre économie afin qu'elle ne soit plus aux mains des étrangers". "La vraie indépendance est celle qui fera de l'Ivoirien, de l'Africain, un homme riche et mieux armé de compétences", et enfin: "Allons à l'indépendance par la neutralité et dans la neutralité qui conduit au non-alignement[3] au socialisme ou au capitalisme".

Maitre Arsène Assouan Usher, Vice Président de l`Assemblée
Nationale. Présentation de la Constitution de la République
de Côte d`Ivoire à l'Assemblée Nationale

Chapitre deuxième

Côte d'Ivoire, prospérité
et pays d'avenir

Il est bon et même nécessaire, voire indispensable, que tous les Ivoiriens sachent que la Côte d'Ivoire est une des premières richesses du rapport Nord-Sud. Elle recèle tout pour une vraie indépendance.

En Afrique au Sud du Sahara, la Côte d'Ivoire avec ses énormes ressources en matières premières est la synthèse des territoires d'Outre-mer : le bois de l'Afrique Equatoriale, les bananes de Guinée, le café de Madagascar, le cacao des Iles, l'arachide du Sénégal, le coton du Soudan, le palmier à huile du Bénin, l'or de la Guyane. Aussi devait-elle subir le scénario de l'inacceptable.

Après 70 ans de colonisation, la Côte d'Ivoire n'avait qu'une économie exsangue et artificielle, une administration élémentaire, des systèmes législatif, économique et éducatif hérités du colonisateur, des ressources financières et des infrastructures dérisoires. Elle accède, donc, à l'indépendance dans un état de sous-développement, qui plus est, sans Nation ni Etat. La Nation en Côte d'Ivoire n'a pas précédé la construction de l'Etat alors que c'est de la conscience nationale qu'un peuple tire sa force et sa vertu. A la différence des autres pays où la Nation précède l'Etat, il a fallu construire, en même temps, l'une et l'autre. En 1951, le Président Houphouët-Boigny, invite tous les Ivoiriens à construire une union de la Côte d'Ivoire, dans l'entente à travers le Parti Démocratique de Côte d'Ivoire (PDCI) dont les revendications politiques étaient anticolonialistes, authentiquement indépendantistes et nationales. Ce qui explique par la suite l'unicité du Parti PDCI-RDA et le régime du parti unique de 1960 à 1990. En 42 ans d'indépendance, Félix Houphouët-Boigny fit de La Côte d'Ivoire un oasis de paix et de prospérité. Pour lui, il n'y a d'indépendance réelle que si elle est consolidée par le développement. Forte de sa croyance dans les valeurs du dialogue, de la tolérance et de la justice prônées par le Président, la Côte d'Ivoire commence à s'installer dans la paix permanente et entame sa marche vers le développement dont l'objectif est la liberté et l'indépendance économique.

De 1960 à 1978, l'économie du pays, reposant sur l'agriculture, est marquée par une croissance rapide et un changement structurel profond. Deux importants plans quinquennaux (1971-1975 et 1976-1980) visent à porter la Côte d'Ivoire au rendez vous du développement. On parle alors de Miracle ivoirien.

Le Produit Intérieur Brut de 140 milliards en 1960 passe à 478,8 milliards en 1977-78. Dans le même temps, la balance commerciale évolue de 8,7 milliards à 607 milliards et le revenu moyen par habitant de 36.000 FCFA à 345.000 FCFA. Le taux de croissance de 3,8% en 1960 atteint 11,4 % en 1977-1978 quand pour l'ensemble des pays africains en développement il est en moyenne de 1,8%. En 1974, la Côte d'Ivoire compte 120 établissements industriels, commerciaux et financiers privés.

Le pays consacre 7% de son budget à la santé, 43% à l'éducation (le taux de scolarisation passant de 1960 à 1978 de 15 à 70%) contre respectivement 4,5%, 25% dans les autres pays africains.

En 1986, la Côte d'Ivoire compte 650 entreprises engendrant 550 milliards de valeur ajoutée avec 1500 milliards de chiffres d'affaires et plus de 90.000 emplois.

La Côte d'Ivoire, Oasis de paix du Père Fondateur, prend le leadership de l'Afrique. Grâce à sa prospérité elle devient le 1er producteur mondial de cacao, d'ananas, d'huile de palme, le 1er producteur africain de bananes (3ème producteur mondial), d'ananas et d'huile de palme, le 1er producteur africain de caoutchouc, le 2ème exportateur africain de coprah, le 3ème producteur en Afrique de l'Ouest pour le coton, le 6ème producteur mondial de café.

Le primaire (agriculture) représente 35 % du PIB, procure 65 % des recettes d'exportation, offre 63,4 % des emplois, fournit du travail au 2/3 de la société active dont 65 % d'immigrés et 35 % d'Ivoiriens. Le secondaire (industrie, transport) représente 4,8% du PIB et offre 3,8 % d'emplois dont 80 % aux immigrés et 20 % aux Ivoiriens. Le tertiaire (commerce, services) représente 45 % du PIB et fournit 32,8 % d'emplois dont 78 % aux immigrés et 22 % aux Ivoiriens. Sur 640.000 salariés en Côte d'Ivoire, 40 % sont ivoiriens. La Côte d'Ivoire accorde des bourses de formation hautement qualifiante à de jeunes Ivoiriens au Japon, en Amérique du Nord, en Allemagne.

La Côte d'Ivoire est le Japon de l'Afrique avec des matières premières que le Japon n'a pas. Le Japon a connu la guerre la plus destructrice avec les bombes atomiques. Il a juré constitutionnellement de ne jamais plus faire la guerre. Il a mis 70 ans pour atteindre un taux de croissance de 11% et a décollé pour être aujourd'hui la deuxième des huit puissances les plus riches du monde. La Côte d'Ivoire n'a mis que 18 ans (1960-1978) pour atteindre un taux de croissance de 11,4%. Avec un tel taux de croissance, notre pays aurait pu, aurait dû décoller, devenir l'Eléphant d'Afrique, à l'image du Japon et de la Chine. C'est le taux de croissance qui a permis au Japon de décoller. Mais au Japon, ce sont les Japonais qui maîtrisent l'économie basée sur la transformation industrielle tournée vers l'exportation.

La Côte d'Ivoire est un pays d'avenir. Elle a, en Afrique de l'Ouest, un réseau routier très développé. Elle possède des millions de Kilowatt/heures, un important réseau hydraulique, des réserves en protéines animales: le bétail d'une part, et la mer, des lagunes et des lacs extrêmement poissonneux, d'autre part. La pleine exploitation du potentiel halieutique maritime et continental pourrait augmenter de quelques 1,5 milliards de dollars le produit intérieur brut. Notre pays a également un sous-sol très riche. Il possède un sol cristallin qui contient d'importantes réserves de manganèse, de cuivre, de bauxite, de diamant, de fer, d'or, de pétrole. Avec le CI-115, elle sera un des grands producteurs de pétrole. La Côte d'Ivoire possède des ressources minières, platine, diamant, or, cobalt, chrome, manganèse, bauxite, mercure, cuivre, titane, nickel, pétrole.

Alors que nous avons un sous-sol très riche, nous n'avons pas encore vendu un kilo de fer, de cuivre, d'uranium, de bauxite, pas un gramme d'or ni un carat de diamant[1]. Des réserves de protéines animales, la mer et les lagunes, les lacs extrêmement poissonneux peuvent conduire villes et villages à l'autosuffisance alimentaire, mais une grosse part de ce dont nous nous nourrissons est importée.

Il nous suffit de corriger le système économique hérité de l'ancienne métropole. La Côte d'Ivoire est un pays fournisseur de matières premières, cela ne doit pas devenir un destin immuable. Il manque seulement à la Côte d'Ivoire une politique cohérente au service d'un modèle original qui la conduise au rendez-vous de la croissance. Pays de synthèse de l'Afrique, la Côte d'Ivoire est capable de participer à la dynamique internationale de progrès et de développement.

Chapitre troisième

Côte d`Ivoire artisan de paix dans le monde

"Je voudrais ce soir vous demander à tous de partager avec moi ma foi inébranlable dans un monde de paix, un monde de liberté, un monde de fraternité. Pour cette tâche tous les Africains doivent s'unir, se concerter afin qu`ensemble ils puissent faire de cette Afrique vieille et jeune à la fois la terre de réconciliation des peuples, c`est notre vocation." Félix Houphouët-Boigny, 7 Août 1960

Le président Félix Houphouët-Boigny définissait en cet instant inoubliable et solennel la signification profonde que révélait pour les Ivoiriens ce mot magique d`indépendance. Pour nous aucune haine, nous voulons considérer notre indépendance comme une contribution à la cause de la paix entre les hommes et entre les nations. Tel est le mot d`ordre politique, la philosophie et l`orientation générale de la diplomatie ivoirienne devenue l`état d`esprit dans lequel nous agissons et qui explique les démarches de la Côte d`Ivoire dans tous les domaines de la politique étrangère. Convaincu que la guerre n` a jamais rien réglé et que la paix est le bien suprême des hommes et des nations, la Côte d`Ivoire s`est donné comme doctrine la tolérance, l`adhésion à la politique de coexistence pacifique avec pour méthode le Dialogue. Tel est le chemin de la Côte d`Ivoire.
En effet en octobre 1960, la Côte d`Ivoire est admise aux Nations Unies et s`est trouvée face à de grands problèmes internationaux. Les

véritables épreuves pour la Côte d`Ivoire n`ont commencé qu`en 1962 face à des conflits presque tous nés de l`Equilibre de la Terreur.

Guerre Froide entre socialistes et capitalistes mais guerre chaude par interposition: missiles de Cuba, problèmes de Chypre, de Cachemire, du Cambodge, du Sahara Espagnol, du Yémen, de l`Indonésie, de la Malaisie, de Saint Domingue, situation de la Palestine. En1961, je propose ce qui deviendra la Résolution 242 de 1967 pour la création d`un Etat Arabe Palestinien en règlement du problème entre Israéliens et Arabes. C`est en 1993, enfin, que cette résolution est acceptée par toutes les parties. Paix en Afrique du Sud avec le règlement du problème de l'Apartheid, règlement du problème des colonies portugaises en Afrique, du problème de la Rhodésie du Sud (Zambie), solution au conflit Sénégal-Portugal, paix au Rwanda-Burundi, règlement des conflits bilatéraux (Togo-Ghana, Mali-Haute Volta, Nigéria-Cameroun), paix au Biafra, au Zaïre avec la guerre de Stanleyville. Oui, en 1962 la Côte d`Ivoire a présidé le Groupe Afro Asiatique pour aller négocier avec les Présidents Kennedy et Khrouchtchev au sujet des missiles de Cuba pour éviter la IIIème guerre mondiale. Cette victoire de la Côte d`Ivoire lui a valu de nombreux amis.

En 1964, sous la pression amicale de ses amis occidentaux socialistes, Latino Américains et Afro Asiatiques, la Côte d`Ivoire pose sa candidature au Conseil de Sécurité après la déclaration de l`Ambassadeur du Brésil : "Les Nations Unies ont la chance de trouver au moment voulu le diplomate qui sait se débarrasser de tous les préjugés pour dire la vérité, l`heure de la Côte d`Ivoire est arrivée". La Côte d`Ivoire est élue par 83 voix sur 91 votants. Elle y siège du 1er janvier 1964 au 31 Décembre 1965. Pendant le mois de juin 1964, la Côte d'Ivoire assure la Présidence du Conseil de Sécurité. C'est un hommage éclatant rendu à la politique éclairée du Président Houphouët-Boigny : "Servir l'Afrique et la Paix".

La Côte d`Ivoire se distingue au niveau des méthodes d`appréciation, des attitudes, des propos, des décisions. La Paix dans le monde est indispensable pour l`Afrique. Surtout que la Côte d`Ivoire a toujours affirmé que toutes les guerres que le monde a connues de l'Antiquité à nos jours, sans que fassent exception les guerres de colonisation, sont nées de l`esprit d`annexion et de la mentalité de spoliation.

Ambassadeur Arsène Assouan Usher, Président du Conseil de Sécurité pour le mois de Juin saluant le Secrétaire Général de l'O.N.U, Mr U Thant, Mr C.V. Narasimhan, Sous Secrétaire à l'Assemblée Générale et Chef de cabinet, et, en arrière plan le Professeur Jiri Hajek de Tchécoslovaquie.(ONU, New York , Le 3 juin 1964)

C`est donc convaincue que s`armer ou désarmer ne conduit pas à la vraie paix, que la vraie paix naît principalement du Dialogue, que la Côte d`Ivoire, membre et surtout Président du Conseil de Sécurité, va résoudre les problèmes qui lui sont soumis.

Problème De Chypre

Chypre compte 85% de Grecs et 15% de Turcs. Les accords de Londres et de Zurich de 1959 qui l'ont conduit à l'indépendance le 16 août 1960 ont prévu un gouvernement avec un Président grec et un Vice-président turc qui ont ensemble et séparément le droit de veto. Il est prévu un parlement composé de 70% de Grecs et 30% de Turcs et une administration dans la même proportion (70% de Grecs et 30% de Turcs). Ces accords prévoient des articles inamendables, et les articles amendables ne peuvent l'être qu'à la majorité des 2/3 des Grecs et des 2/3 des Turcs. Et même la majorité des deux tiers séparés sont nécessaires pour l'adoption de certaines lois et surtout pour les lois électorales ou fiscales. Le conflit est né du fait que Mgr Makarios, Président grec, propose l'abolition du droit de veto et ramène les proportions à 80% de Grecs et 20% de Turcs.

La Côte-d'Ivoire souligne que pour les Turcs, comme pour les Grecs, le conflit naît de la crainte qu'éprouvent les deux groupes pour les mots d'ordre " ENOSIS" (le rattachement de Chypre à la Grèce) et "TAKSIM" (le rattachement de Chypre à la Turquie). C`est cette crainte, d`un côté comme de l`autre, qui a inspiré le principe de la procédure de veto. Il appartient donc aux grandes puissances et particulièrement à la Grèce, la Turquie et la Grande Bretagne de garantir et de protéger l'indépendance, l'intégrité, la souveraineté de Chypre. A la 1100ième séance le 2 mars 1964, la Côte-d'Ivoire fait adopter une résolution (S.5571) qui exige l'abstention de toutes menaces et actions susceptibles d'aggraver la situation. Cette résolution exige l'arrêt des actes de violence et d'effusion de sang. Cette résolution au chapitre IV prévoit la Force des Nations Unies surnommée "Casques Bleus[2]" chargée du maintien de la paix, et d`empêcher toute reprise des combats, de contribuer au maintien et au rétablissement de l'ordre public ainsi qu'au retour à une situation normale. La Côte d`Ivoire a proposé un médiateur Gazo Plaza et la résolution ivoirienne (S/5571) a été adoptée

La Question de Chypre, Mr Arsène Assouan Usher, Président du
Conseil de Sécurité s'entretient avec M. Nikolaï T. Fedorenko
(U.R.S.S), (ONU, New York, le 18 juin 1964)

par 8 voix et 3 abstentions dont les grandes puissances. Les grandes puissances se sont abstenues parce qu`en raison de leur droit de veto, il a été refusé qu`elles soient membres des Casques bleus. Et depuis la paix est revenue à Chypre.

Problème Du Cachemire

L'Union Indo Pakistanaise colonisée par la Grande-Bretagne, accède à l'indépendance sous la forme de deux Etats séparés Inde, Pakistan avec une enclave Jammu Cachemire qui par un acte solennel constitutionnellement posé devra adhérer à l'Inde ou au Pakistan. Le 16 janvier 1964, le Pakistan saisit le Conseil de Sécurité pour examiner la situation provoquée par l'Inde qui aurait annexé le Cachemire. Le 24 janvier 1964, l'Inde rejette les allégations du Pakistan pour protester qu`il s`agit d'arrangement constitutionnel et que, depuis octobre 1947 Jammu Cachemire est partie intégrante de l'Inde. La Côte-d'Ivoire, qui a contribué à régler ces problèmes, séquelles de la décolonisation anglaise née de l`Equilibre de la Terreur, Guerre Froide susceptible de provoquer une guerre chaude par interposition, en sa qualité de Président du Conseil de Sécurité, a pris contact avec les leaders de ces trois pays amis : Ali Bhutto Ministre des Affaires Etrangères du Pakistan, Ayoub Khan de l'Inde et Cheik Abdullah un leader incontesté du Cachemire.La Côte-d'Ivoire, bien qu`une guerre atroce avait lieu, s'était aperçue qu`en fait chacun des leaders agirait en faveur de la paix si des conditions plus diplomatiques leur étaient proposées. La Côte d`Ivoire, appuyée par les Pays-Bas, la Malaisie, la Bolivie, l'Uruguay, propose la résolution qui demande à l'Inde de coopérer avec les forces de l'ONU, de donner des instructions à ses forces armées de se retirer des positions occupées depuis le 5 août 1965, de coopérer et mettre fin aux violations des cessez-le-feu, de désigner un représentant pour rester en contact avec le médiateur. La Côte d`Ivoire a gardé le contact permanent avec les amis Afro-asiatiques. La résolution a été appliquée et, depuis, la paix est revenue au Cachemire.

Arsène Assouan Usher Timothée

Le Problème du Cambodge

Par une lettre du 13 mai 1964 (S/5697), le Cambodge porte plainte signalant des agressions répétées américano-vietnamiennes et demande la réunion du Conseil de Sécurité conformément à l'article 35 de la Charte. De 1963 à 1964, 261 violations ont été enregistrées. En mars, Chantréa a été attaqué. Deux mois après, 13 engins blindés des forces Sud vietnamiennes, commandés par des officiers américains, ont pénétré dans des villages cambodgiens de Taey et Thlork, provoquant des pertes en vies humaines et la destruction de biens. Le 26 mai, à la 1122ieme séance du Conseil de Sécurité, les Etats Unis affirment n`avoir pas d`intention d'agression contre le Cambodge et qu`ils ne peuvent pas être accusés d`agression. La Côte d`Ivoire estime qu`á l`analyse des interventions la matérialité des faits ne prête pas à contestation. Le Cambodge a bel et bien été victime de ces incidents qui ont entraîné des pertes de vies humaines. Et tous les arguments concourent à reconnaître l`existence de ces faits quant à leur répétition. En conséquence le Conseil de Sécurité devait déplorer ces tristes résultats et demander aux parties de régler à l`amiable le conflit en dédommageant d`une manière équitable les victimes de ces tragiques événements et ce, à la satisfaction du Cambodge. Il faut rechercher une solution permanente aux problèmes afin d`éviter le renouvellement de ces incidents. Qu`il s`agisse du refus de reconnaître au Cambodge son statut national ou qu`il s`agisse de capturer les rebelles, l`une ou l`autre raison ne saurait expliquer la violation des frontières d`un Etat indépendant et souverain, et le droit de poursuite exercé par un Etat sur le territoire d`un autre ne saurait être retenu. Le Cambodge, par sa plainte, pose une question de fond en demandant que la conférence de Genève se réunisse pour garantir sa neutralité et son intégrité territoriale. En conclusion, à la 1125ème séance le 3 juin 1964, le Maroc et la Côte d`Ivoire proposent la résolution S/5697 qui est adoptée par 9 voix pour et 2 abstentions (Tchécoslovaquie et URSS).

Le Président du Conseil de Sécurité désigne le Brésil, le Maroc, et la Côte d`Ivoire pour se rendre dans les pays en conflit. Ils s'y sont rendus et la paix est revenue dans ces pays.

La Question du Cachemire : Mr Arsène Assouan Usher de la Côte d`Ivoire discute avec Sir Patrick Dean, du Royaume Uni

Question du Yémen

Le Royaume Uni accuse le Yémen de violer l'espace aérien de la Fédération d'Arabie au sud et à l'ouest d'Harib, et souligne que de nouvelles attaques entraîneraient des contre mesures. En conséquence, à la suite de l'attaque du 27 mars au cours de laquelle un hélicoptère avait franchi la frontière de l'Etat de Beihan et ouvert le feu, des avions britanniques avaient reçu l'ordre d'effectuer une contre attaque le 28 mars, contre un fort militaire yéménite et le gouvernement britannique estime n'avoir fait qu'exercer son droit de défense. Le 1er avril 1964 (S/5695), le Yémen demande la réunion d'urgence du Conseil de Sécurité pour qu'il examine la situation résultant des actes continus d'agression des Britanniques contre les pacifiques ressortissants yéménites, qui avaient atteint leur paroxysme lors d'une attaque le 28 mars, au cours de laquelle outre les dommages matériels causés, 25 citoyens yéménites avaient trouvé la mort et plusieurs autres avaient été blessés. Il accuse également la Grande Bretagne d'avoir commis plus de 40 agressions contre des villes et villages yéménites depuis la création de la République Arabe du Yémen.

Déclaration de la Côte d'Ivoire

Le 6 Avril 1964 à la 1108ème séance, la Côte d'Ivoire intervient: La Côte d'Ivoire s'incline profondément devant les victimes et présente aux Etats arabes frères, à la République du Yémen ainsi qu'aux familles éprouvées ses condoléances les plus attristées. Je crois à une égale bonne foi de toutes les parties en litige. Il existe une situation sans cesse tendue à la frontière du Yémen. Les explications entendues d'un côté comme de l'autre sont vraisemblables, connaissant les sentiments d'insécurité et de perpétuelle inquiétude que ressentent les Etats indépendants voisins d'un pays frère colonisé, et où se développe une action terroriste et nationaliste suivie bien sûr de répression. Qui plus est, du fait de l'infiltration probable d'armes à travers la frontière sud du Yémen, la situation est à un point de terreur et de nervosité tel que le gouvernement républicain, assuré d'une certaine imperméabilité des autres frontières surveillées par les Nations Unies, organise alors une vigilante surveillance.

C'est dans cette dangereuse situation que les petits Etats voisins des colonies, petits Etats africains, asiatiques et latino-américains, tiraillés par leur difficultés internes, politiques et économiques, ayant pour toute défense des "mousquetons" démodés, des hélicoptères, mais confiants en la victoire finale de la liberté sur l'esclavage, ne cessent tant au Conseil de Sécurité que dans les organismes des Nations Unies, de dénoncer tout cela comme susceptible de porter atteinte à la paix et à la sécurité internationale.

En effet, la contre-attaque britannique a fait 25 morts et d'importants dégâts de matériels non encore évalués. Pour une raison d'efficacité, nous devons nous tenir à la question dont nous sommes saisis. Il est clair que d'un côté, un hélicoptère se livre, dit-t-on, à des actes de "provocation" et fait deux victimes: des chameaux, et de l'autre, une "contre-attaque" est exercée par huit avions contre un fort faisant 25 victimes humaines. Ce résultat n'a aucune commune mesure avec le fait qu'on veut réprimer et, ne satisfait ni un principe de la légitime défense ni celui de l`examen absolutoire de provocation. Le Conseil de Sécurité doit donc condamner sévèrement le bombardement du Fort d'Harib par le Royaume-Uni.

D`ailleurs, nous avons appris également qu'à la suite d'une opération semblable, le 23 juin 1963, le Royaume-Uni a payé une indemnité pour des dommages qu'il avait causés, ce qui constitue incontestablement un acte de bonne foi appréciable. Nous sommes convaincus qu'il trouvera cette fois ci encore les voies et les moyens de régler définitivement et à l'amiable ce malheureux incident du 29 mars 1964 et d'assurer une juste compensation pour les vies et les biens détruits des Yéménites. Ainsi donc, pour conclure, la Côte-d'Ivoire serait à même d'appuyer un projet de résolution[3] qui regretterait et déplorerait avec véhémence le bombardement du fort d'Harib le 28 mars, trouverait une formule pour faire respecter la souveraineté, l'intégrité et l'inviolabilité du territoire du Yémen et qui condamnerait l'acte de représailles comme contraire aux buts que la Charte nous impose.(S/PV.1108)

L'Assemblée Générale siège à propos de la position de la Côte d'Ivoire, la Thaïlande, l'Australie, le Mexique. Les membres de la délégation ivoirienne écoutent le débat à l'Assemblée Générale de l'ONU, à gauche Mr Arsène Assouan Usher, Ministre des Affaires Etrangères, Chef de la délégation (ONU, New York, le 27 septembre 1966)

Décision

A la 1111ième séance tenue le 09 avril 1964, le projet de résolution présentée par la Côte-d'Ivoire et le Maroc (S/5649) a été adopté par 09 voix contre 0 et 2 abstentions (Etats-Unis et Royaume-Uni) (S/5650). Et la paix est depuis revenue au Yémen.

Problème Indonésie-Malaisie

Par une lettre en date du 3 septembre 1964 (S/5930), la Malaisie demande la réunion d'urgence du Conseil de Sécurité, soutenant que le mercredi 2 septembre vers minuit, un appareil indonésien avait survolé la Malaisie du sud et largué 30 parachutistes fortement armés.

Déclaration de la Malaisie

A la veille d'accéder à l'indépendance, les habitants des Etats de Bornéo et de Singapour avaient exprimé le désir de s'associer à la Fédération de Malaisie au sein d'une grande fédération. La population de la Malaisie les avait accueillis parce qu'elle avait avec eux d'étroites affinités raciales, religieuses, économiques et sociales, sans compter une organisation administrative, juridique et judiciaire similaire. C'est la seule raison d'être de la fédération élargie constituée l'année précédente sous le nom de Malaisie. Malgré ces affinités il n'y aurait pas de fédération avec Singapour, Sabah et Sarawak s'il n'y avait pas de vœu sincèrement exprimé des peuples eux-mêmes.

L'Indonésie et les Philippines avaient cependant émis des doutes sur le point de savoir si le principe de l'autodétermination avait été observé. Pour dissiper ces doutes et cimenter l'amitié qui la liait à ces deux pays, la Malaisie s'est jointe à eux pour demander au Secrétaire Général de l'Organisation des Nations Unies de déterminer à nouveau les vœux de la population des deux territoires. Après une étude approfondie de la situation sur place, le Secrétaire Général déclare : "Mes conclusions fondées sur les résultats de l'enquête sont que : il ne fait aucun doute qu'une majorité appréciable de la population de ces territoires désire faire partie de la Malaisie".

Déclaration de l`Indonésie

Pour comprendre l'attitude de l'Indonésie, il était nécessaire de se rappeler que le peuple indonésien avait encore à lutter contre les forces qui contrecarraient sa révolution, c'est dans cette perspective qu'il faut placer la plainte de la Malaisie. Il n'y a pas de différend entre le peuple indonésien et malaisien mais bien un conflit politique auquel le Royaume Uni et d'autres forces coloniales se trouvent clairement mêlés et qui étaient dirigés contre la Révolution indonésienne. Des volontaires indonésiens et des guérilléros autochtones luttaient, non pas contre la population locale du Sabah et du Sarawak, mais contre des troupes coloniales britanniques, c'était à cause du conflit politique que nombre de malais étaient détenus dans les prisons "malaisiennes".

La plainte "malaisienne" reposait donc sur une fausse prémisse et était présentée hors de son contexte. Les allégations "malaisiennes" n'avaient pas été prouvées par les faits présentés au Conseil. L'Indonésie n'avait pas admis les incursions des guérilleros dans les territoires désignés "Malaisie"; elle avait seulement attiré l'attention sur le combat qui s'y déroulait. Les volontaires luttaient pour une cause politique et pour la liberté, et pour eux il n'y avait pas de différence entre Sabah et Sarawak et la Malaisie. Le Conseil devait placer la question dans son contexte, examiner les raisons qui avaient déclenché les combats et remédier aux causes du conflit.

Déclaration de la Côte d`Ivoire

Nous sommes saisis d'un incident certes limité mais grave, du fait qu'il s'insère dans un ensemble d'évènements dont les racines sont extrêmement profondes et dont le théâtre se situe dans une région en ébullition qui peut contribuer à rendre le moindre évènement explosif. En effet, le parachutage de quelque 30 personnes armées n'est sans doute pas une désolation mais une telle entreprise au milieu de tant de malentendus et tant de méfiance, et, d'après les justifications qui nous ont été fournies, doit à juste titre nous inquiéter puisqu'elle est interprétée comme le point de départ de l'extension, jusqu'ici limitée, d'un malheureux conflit sanglant et fratricide.

L'histoire de la lutte anticoloniale prend, selon les hommes, les pays et le temps, des formes différentes, toutes également nationalistes, toutes également sages, toutes également efficaces ; et il est extrêmement difficile au gouvernement de la Côte d'Ivoire de ne pas reconnaître le même droit, les même privilèges, les mêmes mérites à tous les pays asiatiques, latino-américains, africains et européens qui, par un moyen ou par un autre, ont libéré leur peuple du joug du colonialisme. La souveraineté et l'intégrité territoriales sont non seulement un privilège, mais un droit reconnu à tous, et la Côte-d'Ivoire regrette profondément l'extension du conflit dans la partie d'un territoire non contestée d'un Etat souverain membre des Nations Unies. La Côte d'Ivoire se veut amie de l'Indonésie et de la Malaisie. Cependant la Côte d'Ivoire croit qu'elle doit humblement s'acquitter de la part de responsabilité qui lui incombe quant au maintien de la paix.

De même qu`elle a fustigé les fusillades au Panama et les bombardements au Yémen, de même qu'elle exige l'arrêt des bombardements et du survol d'un Etat souverain, de même aujourd'hui encore, la Côte d`Ivoire croit sincèrement et en toute objectivité que le parachutage de forces étrangères sur le sol d'un Etat souverain est illégal et contraire à la Charte des Nations Unies. En conséquence, le Conseil de Sécurité regrette, déplore les incidents, objet de la plainte du 3 septembre 1964 (S/5930/6), évite les condamnations car il existe un désir sincère des parties de rechercher par la voie de négociations le règlement de leurs différends.

Néanmoins le Conseil devrait s'assurer que de tels incidents malheureux ne se reproduiront plus, et il devrait faire appel aux parties afin qu'elles prennent des dispositions à cet effet. Mais si le principe que je viens d'énoncer, découlant de la souveraineté, est un élément majeur de la politique extérieure de mon gouvernement (de la Côte d`Ivoire), il en est un autre, non moins important pour mon gouvernement, qui est le droit de vivre du voisin, et par conséquent, la pratique d'une politique de bon voisinage. En effet, l'Indonésie a déclaré qu'elle n'était pas, à priori, opposée à l'idée de la Grande Malaisie, mais qu'elle voulait une Malaisie plus asiatique que celle conçue par les Britanniques, et qu'elle craignait que cet ensemble ne soit utilisé contre son indépendance si chèrement acquise, et contre sa révolution.

De tels arguments ne nous laissent pas insensibles, mais nous avons la certitude que les moyens utilisés pour parer à de telles éventualités auraient pour résultat d'amener la Malaisie à contracter ou à raffermir, pour sa survie, des alliances discutables mais rendues nécessaires. "Si guérir le mal par le mal" a parfois été accepté en médecine, en diplomatie, par contre, ce point de vue a conduit, par chevauchement mais inéluctablement, le monde à la guerre. Devant ce spectre menaçant, revenir à la Charte nous fait à tous une obligation de régler nos différends par des moyens pacifiques.

Le Conseil devrait alors exhorter les parties à s'abstenir de toute mesure ou de tout acte d'hostilité et à reprendre leurs conversations en recourant, si besoin était, aux bons offices des pays amis. Nous avons à l'esprit le communiqué commun publié par les Chefs d'Etats d'Indonésie, de Malaisie et des Philippines à la suite de la réunion à Tokyo du 20 juin 1964.

En conclusion, le Gouvernement de la Côte d'Ivoire, fidèle à l'esprit de solidarité Afro-asiatique et conscient des responsabilités internationales qui lui incombent, est prêt à soutenir une résolution qui, rédigée en termes modérés, évitant toute condamnation prématurée, rappellerait néanmoins les grandes lignes des recommandations qu'il soumet à votre appréciation (S/PV.1149). Je rappelle à ces deux pays que, quelque soit les décisions que l'on prendra à l'issue du débat, le point principal est la reprise de leur négociation et la nécessité, le cas échéant, de recourir à des pays amis du Groupe Afro-asiatique.

La continuation de cette lutte armée, ne fera que compliquer davantage le règlement du conflit qui les oppose. Ce qui est encore plus grave c'est que la continuation de cette lutte armée aura pour résultat la division du Groupe Afro-asiatique. En ma qualité de Président, je suis certain que les deux pays seraient conscients de cette lourde responsabilité:

Décision

A la 1152e séance, tenue le 17 septembre 1964, le projet de résolution[4] présenté par la Norvège (S/5973) a été mis aux voix, et il y a eu 9 voix pour et 2 voix contre (Tchécoslovaquie, U.R.S.S.). Un membre permanent du Conseil ayant voté contre, le projet de résolution n'a pas été adopté.

Malgré le vote négatif, la Côte d'Ivoire et le Maroc, membres du Groupe Afro-asiatique, ont ramené la Paix.

La Question des territoires Portugais : Mr Arsène Assouan Usher de la Côte d`Ivoire en conversation avec Mr Roger Seydoux (ONU, New York, le 4 novembre 1965)

Arsène Assouan Usher Timothée

Problème de la République Dominicaine

Le 29 avril 1965 (S/6310), les Etats-Unis d'Amérique informent le Conseil de Sécurité que, les autorités militaires de la République Dominicaine les ont avisés que la vie des Américains qui s'y trouvaient était en danger, et que leur sécurité ne pouvait plus être garantie. Et que le 28 Avril le Président a donné l'ordre aux troupes américaines de débarquer pour protéger les citoyens américains et les conduire en lieu sûr. L'Organisation des Etats Américains (OEA) se réunit pour examiner la situation dans la République Dominicaine.

Par un télégramme en date du 29 avril (S /6313), le Secrétaire Général, conformément à l'Art. 54 de la Charte, publiait la communication du Conseil de l'OEA : c'est un Message à l'adresse de Mgr. Emmanuel Clarizio, nonce apostolique et doyen du corps diplomatique qui formulait l'ardent espoir que soient suspendues toutes les actions armées et hostilités. Mgr. Clarizio était prié de faire savoir au Conseil quelles étaient les chances de parvenir à un cessez-le-feu immédiat.

Le 1er mai (S/6317), l'URSS a transmis au Conseil une déclaration de l'Agence TASS. Il y était déclaré, notamment, que le 28 avril, le Président des Etats-Unis avait ordonné le débarquement de troupes américaines (1700 hommes), intervention sous prétexte d'assurer la sécurité des citoyens américains en utilisant comme paravent l'Organisation des Etats Américains (l'OEA). Ce débarquement n'était rien d'autre qu'un acte d'agression directe contre le peuple de la République Dominicaine et constituait une violation cynique de toutes les normes du droit international et de la Charte des Nations Unies. C'est une nouvelle manifestation de la politique américaine d'agression pour réprimer les mouvements de libération nationale.

Aussi le 1er mai (S/6316), l'U.RS.S demande une réunion d'urgence du Conseil de Sécurité pour examiner la question de l'intervention armée des Etats-Unis dans les affaires intérieures de la République Dominicaine.

Déclaration de la Côte d'Ivoire

La passion extrêmement vive dans ce débat est fonction des principes qui semblent être mis en cause. Aussi, la Côte-d'Ivoire croit devoir définir une fois de plus sa position au regard de ces principes.

La Côte d'Ivoire est opposée au renversement d'un gouvernement légal et constitutionnel par des moyens non constitutionnels et particulièrement par la violence. Cette position est immuable quel que soit le lieu où se situe le problème, quel que soit le régime que le peuple de ce pays, dans l'exercice de son droit sacré de libre détermination, s'est donné. La situation à Saint-Domingue, résultant de la violence et de la contre violence qui est un phénomène alors normal, nous renforce, si besoin était, dans notre conviction que notre position est garante de l'ordre, de la paix et du progrès.

L'autre principe, aussi fort que le premier, est la non-intervention dans les affaires intérieures des autres pays. En Côte d'Ivoire, nous en faisons un dogme et nous comprenons cette non-intervention de la manière suivante : aucun Etat n'a le droit d'entraîner sur son sol des éléments pour les envoyer créer la subversion dans un autre pays en vue de saper les bases légales et constitutionnelles sur lesquelles repose ce pays. Aucun Etat n'a le droit d'envoyer des éléments organisés ou non organisés armés sur le sol d'un autre si cela n'a pas fait l'objet d'une demande du gouvernement légalement constitué. Nous exigeons que tous les pays s'en tiennent rigoureusement à ces principes édictés d'ailleurs par la Charte comme une des conditions principales du bon voisinage et, par conséquent, de la sécurité collective.

Depuis quelques jours, la défense de ces principes que chacun estime n'avoir pas violés a donné à juste titre le ton passionné des débats. Mais revenons à la date d'aujourd'hui et examinons la situation dans cette île déchirée pour en tirer des conclusions qui seront susceptibles de nous permettre d'avancer dans la recherche d'une solution constructive.

Parmi les moyens illégaux pour s'emparer du pouvoir, il y a le coup d'Etat qui, évidemment, limite les dégâts par sa surprise et sa rapidité. Mais il y a aussi la guerre civile, plus meurtrière, qui plonge le pays dans un chaos total et occasionne d'innombrables pertes de vies humaines. L'histoire de ce phénomène a montré que partout où il s'est produit, les principes évoqués plus haut ont été bafoués. Chaque faction en lutte a eu ses partisans étrangers qui ont volé à son secours. Malheureusement, dans le cas spécifique il nous a semblé que ce sont ceux qui défendent la légalité constitutionnelle qui en ont fait les frais. Nous espérons que, malgré tout, l'aboutissement final de ces faits ne sera pas le retour à l'illégalité.

Il n'y a pas de doute que se pose un problème humanitaire si douloureux qu'il est difficile de s'en détourner. Le problème de la sauvegarde des vies humaines innocentes qui ne sont pas parties du conflit, le problème du ravitaillement en vivres et médicaments de la population prise dans une guerre civile sont des fléaux comme les inondations, les tremblements de terre. Ainsi l'accord signé par le Colonel Chef des révolutionnaires préconise l'évacuation des étrangers, l'élargissement de la zone de sécurité internationale à toutes les ambassades latino-américaines et la distribution à toute la population, sans distinction politique, des vivres et des médicaments.

La Côte d'Ivoire se félicite de voir apparaître certains indices d'apaisement. En effet, le Colonel Caamano, Chef des révolutionnaires, a lancé un appel aux Dominicains, leur demandant de s'assembler, de reconstruire la nation, d'être sans haine en s'en remettant à la Justice avec un grand "J", et à Dieu qui doit les guider. "Il ne faut pas", a-t-il dit, "que le nationalisme du peuple dominicain tourne à l'anti-américanisme"; et il a ajouté : "Je compte et j'espère que les troupes des Etats-Unis quitteront notre pays dès que possible". Aussi le Conseil ne ferait-il œuvre utile et humanitaire que s'il s'orientait vers une solution qui, tout en comportant le retrait des forces militaires américaines, gèlerait la situation dans l'île, éviterait la reprise des hostilités, assurerait le ravitaillement de la population en vivres et médicaments, accélérerait le règlement pacifique du conflit par des moyens constitutionnels et légaux.

Le Conseil ne peut pratiquement accomplir cette mission qu'en collaboration avec l'Organisation régionale des Etats Américains. Le Conseil, plus d'une fois, a pu apprécier cette collaboration. Ainsi, tout en déniant à quiconque le droit d'intervenir dans le règlement constitutionnel et légal du problème, la Côte d'Ivoire est certaine que la sagesse du Conseil le conduira à ne pas adopter, dans ce cas spécifique, une solution du genre "que le plus fort gagne".

Dépôt d'un Projet de Résolution[5]

A la 1204ème séance du Conseil de Sécurité, le 11 mai 1965, le Représentant de l'Uruguay a soumis un projet de résolution (S/6346)

Amendements de l`Union Soviétique

L'U.R.S.S a présenté des amendements[6] (S/6352/rev. 2) au texte révisé du projet de résolution proposé par l'Uruguay (S/6346/rev.1)

Décision

Le préambule du projet de résolution de l'U.R.S.S. (S/6328) a obtenu 2 voix pour (U R.S.S, Jordanie), 5 voix contre et 4 abstentions (Côte d'Ivoire, France, Malaisie, Uruguay). Le préambule n'a pas été adopté. Le paragraphe I du dispositif a obtenu 1 voix pour (U.R.S.S.), 6 voix contre et 4 abstentions (Côte d'Ivoire, France, Jordanie, Malaisie). Le deuxième paragraphe du dispositif a obtenu 2 voix pour (U.R.S.S, Jordanie), 6 voix contre et 3 abstentions (Côte d'Ivoire, France, Malaisie). Les paragraphes du dispositif n'ont pas été adoptés. Les amendements de L'URSS sont rejetés.

Déclaration de la Côte d`Ivoire, Président du Conseil de Sécurité présentant le projet de résolution de l'Uruguay, à la 1216ème séance.

Le projet de résolution uruguayen sur lequel nous sommes sur le point de voter résume admirablement toutes les tendances du Conseil, moyennant évidemment des nuances qui découlent du principe même du compromis. Chacun sait que les difficultés que nous avons rencontrées étaient dues au fait que certaines opinions voulaient qu'il soit dit explicitement que le Conseil encourage l'Organisation des Etats Américains, alors que certaines autres étaient diamétralement opposées. Le compromis dans le texte est concrétisé par la mention de l'OEA en prenant acte des communications qu'elle nous a déjà adressées et l'invitant à continuer de nous tenir informés des mesures qu'elle prendra à l'égard de la situation. Ceci est clair, car si nous invitons à continuer de nous tenir informés des mesures qu'elle prendra à l'égard de la situation, cela veut dire implicitement que nous admettons que l'OEA doit prendre des mesures.

Le projet réaffirme également le droit du peuple dominicain à l'autodétermination, un droit dont ce peuple doit jouir sans contrainte. Le projet contient en outre la mention importante du cessez-le-feu. Tous les membres de ce Conseil sont déjà d'accord en adoptant une résolution Ivoirienne - Marocaine, résolution intérimaire réclamant un cessez-le-feu. Le paragraphe 4 du projet ne fait que compléter cette demande. Le cessez-le-feu dépend des deux factions et si nos pouvoirs sur ces deux factions semblent être limités, nous pouvons tout de même faire quelque chose pour les amener à respecter la décision que nous avons prise hier en demandant à chacun de s'abstenir d'encourager ou d'aider ces factions, et au contraire de les priver de tout ce qui pourrait les encourager et les aider à poursuivre le combat.

C'est pourquoi ma délégation se félicite du paragraphe 4 qui demande à tous de "s'abstenir de fournir directement ou indirectement des facilités ou une aide militaire" quelconque aux deux factions. Enfin, le projet invite le Secrétaire Général à continuer à suivre de près les événements. A la vérité, nous affirmons qu'il s'agit d'un vrai compromis. On comprendrait difficilement que le Conseil de Sécurité n'approuve pas ce projet de résolution. Il est vrai que Saint Domingue est une des grandes victimes de l'Equilibre de la Terreur. Bien sûr, au moment des votes des amendements, on a parlé de représentativité de l'opinion des Afro-asiatiques au Conseil de Sécurité. Et la Côte d'Ivoire a été même auteur de la résolution sur l'élargissement de la composition du Conseil de Sécurité. Mais elle a conscience que, quand bien même nous aurions accru le Conseil de Sécurité de 20 membres afro-asiatiques, on n'aurait rien changé à la situation du Conseil. Hier, il y a eu trois vetos. Un seul aurait suffi.

A une grande puissance qui se plaignait de l'état dans lequel se trouvait le Conseil de Sécurité, la Côte d'Ivoire a répondu : "transportons l'affaire devant l'Assemblée Générale et vous aurez une résolution reflétant réellement la représentation des Etats membres à l'ONU". En conséquence, je crois que la difficulté que rencontre le Conseil ne sera pas résolue par l'élargissement de sa composition, mais bien par un geste très simple qu'on ne veut pas faire : oser modifier la règle du Conseil en supprimant le droit de veto. C'est le seul remède. Je dis cela

Arsène Assouan Usher, Président du Conseil de Sécurité

uniquement pour répondre à ce que la Côte d'Ivoire a cru considérer comme une attaque dirigée contre elle. Mais, en conclusion, j'espère que le Conseil saisira la nécessité et le désir des petites puissances de voir aboutir une résolution de compromis, pour tenter de résoudre un problème douloureux dans lequel la petite puissance la République Dominicaine est devenue la victime.

Puissions-nous avoir la certitude que la résolution uruguayenne qui facilitera la recherche de la solution du problème dominicain sera adoptée. Toutefois la crainte ivoirienne demeure car les Nations Unies se définissent comme un organe dans lequel il y a toujours quelque chose qui disparaît: Quand deux petites puissances ont un problème soumis aux Nations Unies, le problème disparaît ! Quand une grande puissance et une petite ont un problème, la petite puissance disparaît ! Quand deux grandes puissances ont un problème, les Nations Unies disparaissent!

Décision

Le projet de résolution révisé de l'Uruguay a obtenu 5 voix pour (Côte d'Ivoire, France, Jordanie. Malaisie, Uruguay) et une voix contre (U.R.S.S.) avec 5 abstentions. En conséquence, le projet de résolution (S/6346/rev. 1) n'a pas été adopté.

Ce que la Côte d'Ivoire craignait est arrivé avec le veto d'une grande puissance. Mais dans le même temps, la Côte d'Ivoire, Président du Conseil de Sécurité, Président du Groupe Afro-asiatique, a rencontré les acteurs pour que la trêve à Saint Domingue se transforme en cessez-le-feu. Et le 21 juin, le Secrétaire Général déclarait que le cessez-le-feu était effectif. La Paix est revenue.

L'Ambassadeur Arsène Assouan Usher saluant le
Premier Ministre d'Israël, Mme Golda Meir

Arsène Assouan Usher Timothée

La Côte d`Ivoire et le Moyen Orient, Résolution 242 israélo-palestinienne, le rôle joué par la Côte d'Ivoire

Genèse du problème israélo-palestinien

L'Etat Juif existait en Palestine. Il a été pris dans l'antiquité avec la chute de la forteresse de Massada, assiégé pendant deux ans par l'armée romaine, après la prise et la destruction de Jérusalem. Ceci a provoqué l'exode de ce peuple qui, pendant deux millénaires privé de territoire mais avec le judaïsme, a vécu tout le temps en Nation. Il est vrai que les Byzantins ont cédé la Palestine aux conquérants Arabes avec une clause au traité de paix stipulant que ceux-ci n'autoriseraient jamais le retour des Juifs dans ce pays. Et ils devaient à travers le monde et au cours des siècles connaître de dures épreuves parfois inhumaines qu'ils acceptaient, subissaient pour conserver la personnalité nationale, avec la possibilité de renaître en tant que Nation dans le pays d'où ils avaient été chassés.

Pendant deux millénaires, privé de territoire, le peuple juif s'est maintenu à travers le monde en tant que peuple et Nation. Ils menaient une lutte permanente pour la sauvegarde de cette religion qui leur confère le triomphe final de la justice et l'espoir d'un retour. Et le 14 Mai 1948, l'Etat d'Israël est proclamé. Aujourd'hui, on a l'impression que c'est la dureté de l'administration israélienne dans les territoires occupés après la Guerre des Six Jours qui est le problème. En réalité, tous ces faits ne sont que des légendes. C'est une image fausse. Tout naît de la décision prise à la fin de la première guerre mondiale de permettre au peuple juif de renaître dans son antique Patrie.

Ce sont les conséquences du refus par les Arabes de la résolution que la Côte d'Ivoire a présentée à l'Assemblée Générale des Nations Unies, après la Guerre des Six Jours, devenue la Résolution 242, qui se poursuivent.

Puissions-nous aborder le vrai problème qui est la foi messianique en une idée de justice et la croyance dans le triomphe final de la justice universelle.

Le 29 Novembre 1947, par une intervention combinée de toutes les grandes puissances, les Nations Unies votent une résolution à laquelle est annexé un plan qui divise la Palestine en deux Etats indépendants, l`un arabe, l`autre juif, unis économiquement. Une guerre s`ensuit entre Juifs et Arabes pour aboutir le 14 mai 1948 à un état de fait, la proclamation de l'Etat d'Israël reconnu les 15 et 17 par les Etats-Unis et l'Union Soviétique.

Depuis lors, cette région n'a jamais connu de paix réelle. Les guerres succèdent à de courtes périodes d`armistice et la région est conditionnée par un facteur d`instabilité permanente qui satisfait au jeu d'équilibre des grandes puissances et qui leur permet de s'infiltrer dans la région, d'asseoir leur influence, d'inciter les parties à engloutir toutes leurs ressources dans un armement coûteux et de semer dans cette partie du monde une confusion totale au point où nul ne sait qui est ennemi de qui; il y a peut être autant de morts dans ces guerres entre Arabes qu`entre Arabes et Palestiniens.

Le Moyen-Orient est ainsi devenu un champ d'activités diplomatiques où se retrouvent toutes les grandes puissances. La certitude de l'intervention de l'une ou l'autre pour empêcher une rupture d'équilibre dans la région ressort clairement de la déclaration commune faite le 29 Septembre 1969 par les Ministres des Affaires Etrangères des Etats-Unis , de la France , du Royaume-Uni et de l'Union Soviétique à la sortie d`une audience chez le Secrétaire Général de l`ONU: "ils ont réaffirmé que tous les Etats du Moyen-Orient ont un droit inaliénable à l'existence en tant qu'Etats indépendants et souverains".

Malheureusement, dans la politique que ces grandes puissances mènent au Moyen-Orient pour maintenir l'équilibre, les centaines de milliers de vies humaines sacrifiées et les immenses ressources englouties n'entrent pas dans le calcul du risque. Les dimensions humaines du conflit sont totalement méconnues.

Le 28 Juin 1967, dans son intervention à la cinquième session extraordinaire de l'Assemblée Générale des Nations Unies, La Côte d`Ivoire a fait, sans succès, des propositions tendant au retrait des forces israéliennes des territoires occupés et à la déclaration de la fin de l'état de guerre et de belligérance. Ces propositions ont servi de bases à une résolution discutée avec les latino-américains puis présentée par eux sans plus de succès. Six mois après cependant, cette résolution était reprise par le Conseil de Sécurité, c'est la fameuse Résolution 242 de novembre 1967 dont tout le monde veut l'application. Les efforts de la Côte d'Ivoire pour prôner une solution pacifique dans les problèmes africains se justifient par le fait qu'elle veut que soit évitée à l'Afrique au Sud du Sahara la situation qui règne au Moyen Orient.

Mais ce qu'elle souhaite pour ces frères africains elle le souhaite aussi pour les autres. Elle exhorte les Etats frères et amis du Moyen-Orient à accepter le plan Rogers et à entreprendre les pourparlers Jarring, animés d'une volonté de négociation et d'un esprit de compromis afin que les discussions ne restent pas purement verbales, qu'elles ne soient pas dupes de l'ambigüité des idées et qu'elles s'écartent de tout souci de propagande. Elles aboutiront ainsi à une solution juste et équitable pour toutes les parties intéressées ou impliquées dans le drame du Moyen-Orient. Les grandes puissances doivent tout mettre en œuvre auprès de leurs amis pour le succès de ces négociations.

Le Ministre des Affaires Etrangères, Mr Arsène Assouan Usher s'entretient avec le Secrétaire d'Etat américain, Mr William Rogers, à New York, le 1er Octobre. Mr Usher et Mr Rogers étaient à la tête des délégations de leurs pays respectifs à la 24ème Assemblée Générale des Nations Unies

Chapitre quatrième

Côte d'Ivoire, artisan de paix en Afrique

"Il importe aux Africains de donner l'exemple. Armons-nous contre la misère, contre les incompréhensions mais de grâce ne portons aucune arme contre notre prochain parce que c'est notre frère!" ; "Les problèmes de discrimination raciale, si douloureux, si affligeants qu'ils soient pour notre dignité de nègre, ne doivent pas se régler, à notre avis, par la force." Félix Houphouët-Boigny, le 30 octobre 1972

De 1946 à 1952, l'Assemblée Générale des Nations Unies examine la politique raciale de la République d'Afrique du Sud à la suite des plaintes de l'Inde et du Pakistan contre la discrimination dont sont victimes les citoyens d'origine indienne ou pakistanaise. L'Assemblée en vient à considérer pour la première fois, en 1952, le problème plus vaste du conflit racial en Afrique du Sud. C'est en 1960, que cette question est examinée pour la première fois par le Conseil de Sécurité, sur la demande de vingt-neuf Etats africains et asiatiques, à la suite des émeutes de Sharpeville. Le fait qui a marqué l'intervention du Conseil de Sécurité, cette année-là, est l'admission de seize Etats africains, dont la Côte-d'Ivoire.

Examen de la question de la 1127ième à la 1135ième séance (8-18 juin 1964)

Le 23 mars 1964, le Comité Spécial a présenté un rapport (S/5621) au Conseil de Sécurité et à l'Assemblée Générale. La Côte-d'Ivoire et le Maroc saisissent le Conseil de Sécurité de ce rapport appelant leur attention sur la gravité des nouveaux événements survenus dans la République Sud-Africaine, des prisonniers politiques opposés à l'apartheid venant d'être condamnés à mort et d'autres étant menacés de la même peine. L'objectif est d'exiger du Gouvernement Sud-africain qu'il renonce à l'exécution des personnes condamnées à mort et qu'il mette fin aux procès intentés en vertu de lois arbitraires et accorde l'amnistie à toutes les personnes emprisonnées, qu'il cesse de prendre de nouvelles mesures discriminatoires et qu'il s'abstienne de toute autre action pouvant aggraver la situation.

L'attention du Conseil de Sécurité est attirée par le rapport du Comité Spécial qui lui demande:

De déclarer que la situation dans la République Sud-africaine est une menace pour le maintien de la paix et de la sécurité internationale, le chapitre VII de la Charte exigeant la prise de mesures efficaces par les Etats-Unis, le Royaume-Uni et la France, en vue de faire face à la grave situation du moment ;

De décider d'imposer des sanctions économiques, conformément aux dispositions du Chapitre VII de la Charte. Pour être efficaces, ces sanctions devront être totales et appliquées par tous les pays et avoir le concours actif des principaux partenaires commerciaux de l'Afrique du Sud.

Dépôt d'un projet de résolution (S/5752) d'urgence préalable: Côte d'Ivoire et Maroc

Le représentant du Maroc a déposé, au nom de sa délégation et de celle de la Côte d'Ivoire, un projet de résolution (S/5752), dont le dispositif tendait à ce que le Conseil de Sécurité:

1) demande instamment au Gouvernement sud-africain:

a) de renoncer à l'exécution des personnes condamnées à mort pour des actes résultant de leur opposition à la politique d'apartheid

b) de mettre fin immédiatement au procès arbitraire en cours engagé dans le cadre de l'apartheid

c) d'accorder l'amnistie à toutes les personnes déjà emprisonnées, internées ou soumises à d'autres restrictions et plus particulièrement aux accusés du procès de Rivonia

2) invite tous les Etats et Organisations à exercer toute leur influence pour amener le Gouvernement sud-africain à se conformer aux dispositions de la présente résolution

3) invite le Secrétaire Général à suivre de près l'application de la résolution et à en faire rapport au Conseil de Sécurité le plus tôt possible.

Les Représentants du Maroc et de la Côte d'Ivoire demandent au Conseil de Sécurité d'examiner ce projet de résolution d'urgence et de le mettre immédiatement aux voix

Déclaration de la Côte d'Ivoire

Le document du 8 juin 1964 est un projet de résolution commun du Maroc et de la Côte d'Ivoire. Il a été introduit si éloquemment par le représentant du Maroc. Bien sûr, je préside le Conseil de Sécurité, mais en tant que l'un des auteurs de ce document, je m'associe à l'appel qui a été lancé au Conseil afin que celui-ci l'adopte sans débat prolongé et dans la sérénité. En effet, dans son préambule, le projet ne fait que rappeler les résolutions qui ont déjà été adoptées, soit en Assemblée Générale, soit au Conseil de Sécurité, par une procédure à peu près identique et en tout cas sans opposition aucune. Si ce projet note avec une profonde inquiétude la reprise et les conséquences du procès de Rivonia, dans lequel sont impliqués Mandela, Sisulu et tous les leaders des Noirs d'Afrique du Sud, il n'émet pas, à vrai dire, de jugement. Il constate que l'assassinat de ces dirigeants serait grave de conséquence en raison même du contexte dans lequel se déroulent ces événements.

L'Ambassadeur Arsène Assouan Usher s'adresse à l'Assemblée Générale des Nations Unies sur la situation au Congo (ONU, New York, le 29 mars 1961)

Dès lors, le Conseil est en droit d'exiger de l'Afrique du Sud qu'elle renonce à l'exécution des condamnés à mort, qu'elle mette fin aux procès déjà engagés, qu'elle accorde l'amnistie aux emprisonnés. Le Conseil se doit également d'user de tous les moyens pour sauver ces innocents en invitant les Etats à user de leur influence pour éviter l'irréparable. J'ai employé avec conviction le mot "innocents" et je dois, s'il en est besoin, m'expliquer en abordant très rapidement le fond de la question, mais je ne le fais pas pour vous convaincre de la justesse de la cause car je sais que je prêche des convaincus. En moins d'une année, on compte déjà plus de 40 condamnations à mort dans ce pays, 384.499 condamnés à la déportation ou aux travaux forcés, 743 peines de prison totalisant 4.724 années.

Toutes ces poursuites à titre collectif, ces arrestations par milliers, ces emprisonnements sans jugement, ces tortures, ces répressions, ces condamnations à mort, ces humiliations et ces souffrances sont les aboutissements de tout un faisceau de législations sud-africaines. Bantu Laws, Amendment Bill, Criminal Law Amendment Act, General Law Amendment Act, lois sur le sabotage. Toutes ces lois sont considérées par la conscience universelle comme arbitraires. Tous les juristes du monde, quelle que soit leur idéologie, les ont condamnées en tant que contraires au droit universel, contraires à la conscience législative universelle et comme n'ayant aucune origine dans la source créatrice de la loi.

La Commission des Droits de l'Homme a jugé ces lois contraires aux droits de l'homme. Les Nations Unies les ont déclarées incompatibles avec les buts de la Charte. Plus d'une fois, le Conseil de Sécurité a condamné l'apartheid ; ces lois sont issues de ce monstre et pour protéger ce monstre, et le moins qu'on puisse dire c'est qu'elles sont aussi condamnables. Tous les théologiens du monde, y compris certains de l'Afrique du Sud, estiment que ces lois sont contraires à la raison. Dans "Pacem in Terris", Jean XXIII écrit : "La législation humaine ne revêt le caractère de loi qu'autant qu'elle se conforme à la juste raison, faute de quoi elle ne peut obliger les consciences".

L'exécution des condamnations à mort en vertu d'une telle législation est, par conséquent, assassinat. Oui, un assassinat. Ainsi, moralement et légalement, personne ne peut être fondé à assister, sous le prétexte qu'il s'agit d'une affaire intérieure, à l'assassinat d'un être humain, quelle que soit sa couleur ou sa race. Qu'il plaise au Conseil que lui soient rapportés quelques passages de la déclaration émouvante de Nelson Mandela devant le tribunal de Rivonia : "Nous étions parvenus à la conclusion que l'exercice de la violence par les Africains était devenu inévitable du fait même de la politique du Gouvernement et que, dans une telle situation, il incombait à un commandement responsable de contrôler et de canaliser la passion populaire, faute de quoi les explosions de terrorisme ne manqueraient pas de se produire et de susciter entre les différentes races qui peuplent notre pays des antagonismes plus irrémédiables que ceux qu'une guerre laisse derrière elle". Nelson Mandela, le partisan de la non-violence, poussé à bout, s'efforce encore de canaliser la violence aveugle qui aboutit au terrorisme. Il tombe, alors, sous le coup de la loi sur le sabotage. Alors que ce Blanc qui dirige une école ayant pour maxime : "Si vous voulez survivre, soyez prêts à tuer", ces écoles qui enseignent à tuer pour 16 dollars 80 cents, ne tombent pas sous le coup de la loi parce que les maîtres et les élèves sont blancs.

Mandela ajoute: "J'ai cultivé l'idéal d'une société de liberté et de démocratie où les êtres humains auraient des chances égales et vivraient ensemble dans l'harmonie. C'est un idéal auquel j'entends continuer à me dédier et que j'espère voir se réaliser un jour. Mais c'est aussi un idéal pour lequel je suis prêt à mourir si les circonstances et si Dieu en décident ainsi." Un homme est-il, à notre siècle, passible de condamnation à mort parce qu'il œuvre pour la fraternité des hommes, parce qu'il œuvre pour les idéaux de la Charte des Nations Unies? Non, Dieu ne décidera pas d'un tel sacrilège. Si nous n'arrachons pas Mandela et ses compagnons des mains de leurs bourreaux, l'irréparable sera réalisé. Alors, les grandes puissances, et plus particulièrement les puissances occidentales, endosseront une lourde responsabilité. On ne peut pas défendre à la fois le criminel et la victime. Il faut choisir. Or, tous en conscience, nous avons déclaré tout haut que nous réprouvions le principe de l'apartheid. En pure logique, nos actes doivent être conformes à nos déclarations. Comme Henri Bergson l'a dit : "Dans toute l'étendue du règne animal, la conscience apparaît comme proportionnelle à la puissance de choix dont l'être vivant dispose"

A la seule idée que puissent se commettre froidement en République Sud-africaine des crimes au nom de l'apartheid dont nous avons tous

Le Conseil de Sécurité adopte une résolution concernant le procès de Rivonia en Afrique du Sud. Le Conseil de Sécurité a voté cet après-midi pressant le gouvernement d'Afrique du Sud d'en finir avec le procès des leaders anti-apartheid dans ce pays et de suspendre l'exécution de ceux qui sont déjà condamnés à mort. Le Conseil de Sécurité urge le gouvernement Sud Africain " d'amnistier toutes les personnes déjà emprisonnées, internées ou sujet à d'autres restrictions pour s'être opposées à la politique de l'apartheid et particulièrement pour les opposants dans le procès de Rivonia " Mr Nathan Barnes du Libéria (à gauche) s'entretient à propos d'un document avec l'Ambassadeur Arsène Assouan Usher (Côte d'Ivoire), Président du Conseil de Sécurité pour le mois de Juin (ONU., New York, le 9 juin 1964)

conscience, nous pouvons espérer que non seulement ce projet de résolution sera adopté solennellement et à l'unanimité, mais qu'il sera appliqué et que les grandes puissances, membres permanents du Conseil et nantis de responsabilités particulières, épargneront la vie de ces grands dirigeants Mandela, Sisulu, et leurs compagnons. Nous sommes certains, Messieurs, que nous ne vous convions pas en vain à l'exercice d'un acte purement humain.

Résolution révisée Maroc-Côte d`Ivoire

- Rappelant la résolution 1881 (XVIII) de l'Assemblée générale en date du 11 octobre 1963 qui condamne le Gouvernement de la République Sud-africaine pour la non observation des résolutions réitérées de l'Assemblée Générale et du Conseil de Sécurité et qui lui demandent de renoncer au procès arbitraire en cours, de procéder à la libération immédiate et inconditionnelle de tous les prisonniers politiques, de toutes les personnes emprisonnées, internées, ou soumises à d'autres restrictions pour s'être opposées à la politique d'apartheid,

- Rappelant en outre que le Conseil de Sécurité dans ses résolutions du 7 août et du 4 décembre 1963 a demandé au Gouvernement Sud-africain de libérer toutes les personnes emprisonnées, internées ou soumises à d'autres restrictions pour s'être opposées à la politique d'apartheid,

- Notant avec une grande inquiétude que le procès arbitraire de Rivonia, intenté contre les dirigeants du mouvement anti-apartheid, a été repris, et que le verdict imminent qui va être prononcé en vertu des lois arbitraires prévoyant de longues peines d'emprisonnement ainsi que la peine de mort est susceptible de très graves conséquences,

- Notant avec regret que le Gouvernement de l'Afrique du Sud a rejeté l'appel du Secrétaire Général en date du 27 mars 1964, Demande instamment au Gouvernement Sud-Africain

- de renoncer à l'exécution des personnes condamnées à mort pour des actes résultant de leur opposition à la politique d'apartheid

- de mettre fin immédiatement au procès en cours engagé dans le cadre des lois arbitraires de l'apartheid

- d'accorder l'amnistie à toutes les personnes déjà emprisonnées, internées ou soumises à d'autres restrictions pour s'être opposées à la politique d'apartheid et plus particulièrement aux accusés du procès de Rivonia

Invite tous les Etats à exercer toute leur influence pour amener le Gouvernement Sud-africain à se conformer aux dispositions de la présente résolution

Invite le Secrétaire Général à suivre de près l'application de la résolution et à faire rapport au Conseil de Sécurité le plus tôt possible.

A la 1128ième séance le 9 juin 1964, le projet de résolution révisé de la Côte-d'Ivoire et du Maroc (S/5762/rev.1) a été adopté par 7 voix contre zéro avec 4 absentions (Brésil, Etats-Unis, France Royaume-Uni). Les grandes puissances qui se sont abstenues, les Etats-Unis, le Royaume-Uni et la France ont invoqué le fait que le Conseil de Sécurité ne devait pas prendre, pendant que le procès était en cours, des mesures qui puissent être interprétées comme une ingérence dans l'administration interne d'un Etat membre.

La résolution Côte d'Ivoire-Maroc, résolution d'urgence et préalable, adoptée au moment même où s'ouvre le procès de Rivonia, le Conseil de Sécurité aborde alors la question du conflit racial en Afrique du sud, résultant de la politique d'apartheid.

Dépôt d'un projet de résolution

A la 1133ème séance du Conseil le 16 juin 1964, le Représentant de la Norvège a déposé le projet de résolution suivant(S/5769) dont la Bolivie était co-auteur :

Le Conseil de Sécurité

Ayant examiné la question du conflit racial en Afrique du Sud provoqué par la politique d'apartheid du Gouvernement de la

République Sud-africaine, que 58 Etats Membres ont porté à son attention par leur lettre du 27 avril 1964 (SF5674),

Profondément préoccupé par la situation créée en Afrique du Sud par la politique d'apartheid qui est contraire aux buts et aux principes de la Charte des Nations Unies et incompatible avec la Déclaration universelle des droits de l'homme ainsi qu'avec les obligations que la Charte impose à l'Afrique du Sud,

Prenant note avec gratitude des rapports du Comité Spécial chargé d'étudier la politique d'apartheid du Gouvernement de la République sud- africaine et du rapport du Groupe d'experts nommé par le Secrétaire Général en application de la résolution adoptée par le Conseil de Sécurité le 4 décembre 1963,

Rappelant les résolutions adoptées par le Conseil de Sécurité les 7 août 1963 (S/5386), 4 décembre 1963 et 9 juin 1964,

Convaincu que la situation en Afrique du Sud continue de troubler gravement la paix et la sécurité internationale,

Déplorant le refus du Gouvernement de la République sud-Africaine de se conformer aux résolutions pertinentes du Conseil de Sécurité,

Prenant en considération les recommandations et conclusions du Groupe d'experts,

Condamne la politique d'apartheid du Gouvernement de la République sud-africaine et les lois qui appuient cette politique, telles que le Général Law Amendements Act et en particulier sa clause autorisant la détention de 90 jours;

Réitère instamment son appel au Gouvernement de la République Sud-africaine pour qu'il remette en liberté toutes les personnes emprisonnées, internées ou soumises à d'autres restrictions pour s'être opposées à la politique d'apartheid;

Prend note des recommandations et conclusions contenues dans le rapport du Groupe d'experts;

Adresse un appel pressant au Gouvernement de la République Sud-africaine pour qu'il:

Renonce à l'exécution de toute personne condamnée à mort pour son opposition à la politique d'apartheid;

Accorde immédiatement l'amnistie à toutes les personnes condamnées pour leur opposition à la politique raciale du gouvernement;

Abolisse la pratique de l'emprisonnement sans mise en accusation, sans possibilité de consulter un défenseur ou sans droit à être jugé promptement;

Fait sienne et approuve en particulier la conclusion principale du Groupe d'experts selon laquelle des consultations devraient réunir tout le peuple de l'Afrique du Sud, qui pourrait ainsi décider de l'avenir de son pays à l'échelon national;

Prie le Secrétaire Général de rechercher quelle assistance l'Organisation des Nations Unies pourrait offrir pour faciliter ces consultations entre des représentants de tous les éléments de la population de l'Afrique du Sud;

Invite le Gouvernement de la République sud-africaine à accepter la conclusion principale du Groupe d'experts mentionnée au paragraphe 5 ci-dessus, à coopérer avec le Secrétaire Général et à faire connaître à ce dernier ses vues touchant ces consultations le 30 novembre 1964 au plus tard;

Décide de créer un comité d'experts composé de chacun des membres actuels du Conseil de Sécurité qui devra entreprendre une étude technique et pratique, et faire rapport au Conseil de Sécurité sur la possibilité, l'efficacité et les incidences de mesures que le Conseil de Sécurité pourrait, selon qu'il conviendra, prendre aux termes de la Charte des Nations Unies;

Prie le Secrétaire Général de communiquer au Comité d'experts les éléments dont le Secrétaire dispose touchant les questions que le Comité doit étudier et de coopérer avec le Comité selon ce que ce dernier lui demandera;

Autorise le Comité d'experts à prier tous les Membres de l'Organisation des Nations Unies de coopérer avec lui et de faire connaître au Comité leurs vues sur les mesures en question le 30 novembre 1964 au plus tard, et prie le Comité d'achever son rapport trois mois au maximum après cette date;

Invite le Secrétaire Général à établir, en consultation avec les institutions spécialisées compétentes des Nations Unies, un programme d'enseignement et de formation professionnelle en vue de permettre à des Sud-africains de faire des études et de recevoir une formation à l'étranger;

Réitère l'appel par lequel il a demandé à tous les Etats de mettre fin immédiatement à la vente et à l'expédition d'armes, de munitions de tous types et de véhicules militaires à l'Afrique du Sud ainsi que d'équipements et de matériels destinés à la fabrication ou à l'entretien d'armes ou de munitions en Afrique du Sud;

Prie tous les Etats Membres de prendre les mesures qu'ils jugeront appropriées pour persuader le Gouvernement de la République sud-africaine de se conformer à la présente résolution

Examen de la question

Côte-d'Ivoire: En ma qualité de Président du Conseil de Sécurité, je m'adresse aux membres du Conseil. Nous avons le devoir et l'obligation d'attirer votre attention sur la menace à la paix et à la sécurité internationale que constitue la permanence de l'ignoble politique d'apartheid du Gouvernement Sud-africain. Les symptômes de la menace sont perceptibles à tout observateur objectif .Les noirs d'Afrique du Sud, maintenus par le Gouvernement de la minorité blanche dans une situation dégradante destinée à les tuer physiquement et moralement, ont jadis lutté dans des organisations émancipatrices de non-violence.

Leur but était et demeure l'obtention d'une vie décente, la création d'un pays de démocratie et de liberté où blancs et noirs puissent vivre comme des frères œuvrant pour la prospérité de leur pays commun. Nelson Mandela l'a exprimé en disant qu'il s'est battu contre la domination blanche et contre la domination noire, qu'il a cultivé l'idéal d'une société de liberté et de démocratie où les êtres humains auraient des chances égales et vivraient dans l'harmonie.

M. Albert Luthuli ne l'a-t-il pas confirmé dans sa déclaration en faveur des condamnés de Rivonia, lorsqu'il souligne que ces hommes s'en sont tenus avec constance à une politique de combat active et non violente en vue de créer une Afrique du Sud dans laquelle tous les Sud-africains vivraient et travailleraient ensemble comme citoyens bénéficiant de droits égaux, sans discrimination de race, de couleur ou de foi.

Mais c'est au moment même où, avec la libération de leurs frères africains, les noirs d'Afrique du Sud deviennent de plus en plus impatients que le Gouvernement de la minorité blanche, cette autorité de fait, édicte avec un cynisme stupéfiant tout un faisceau de lois iniques et immorales, contraires à la conscience universelle et inconcevables dans un monde civilisé, pour leur enlever tout espoir d'améliorer leurs conditions de vie par des moyens pacifiques. Hélas! À l'impossible, nul n'est tenu, et nos frères d'Afrique du Sud, par la faute de ces barbares, sont convaincus qu'il n'y a pas d'autres moyens de faire triompher ce noble idéal de fraternité, de liberté et de démocratie que par l'usage de la force; ils y ont été contraints et ils s'y préparent. Les signes avant-coureurs sont nombreux.

Grâce à la pression du Conseil de Sécurité, Nelson Mandela et ses compagnons n'ont pas été condamnés à mort. Mais la lutte continue, ils sont condamnés à la prison à vie. Sentence qui n'a d'égale que la folie de ceux qui ont édicté ces lois. Des foules de femmes ont bravé la police, en défilant au centre de la ville aux cris de : "Nous ne vivrons jamais sous votre domination". Oui, ces vaillants fils de l'Afrique du Sud ont l'appui entier des nations africaines qui, toutes, ont approuvé les paroles prononcées par le Président Houphouët-Boigny à Addis-Abeba : "Le martyr de nos frères est une injure à notre propre liberté, une menace à notre propre indépendance, voire même une négation de celle-ci, et l'apartheid en Afrique du Sud est la grande honte de notre continent".

De son côté, le gouvernement blanc de l'Afrique du Sud, prisonnier de sa doctrine héritée du nazisme hitlérien, et convaincu de la supériorité de sa race est décidé à assurer, dit-il, la "survivance de la nation blanche" en détruisant les autres races, comme l'avait tenté de son temps Hitler, son maître à penser, avec d'autres populations d'Europe. Mais, pour ce faire, Verwoerd a déclaré le 23 avril qu'il était prêt "à faire front à tout blocus économique et à la guerre."

Du reste, cette guerre, il l'a commencée par l'extermination de la population noire désarmée face à l'organisation d'une milice de près de 40.000 hommes blancs désignés par tirage au sort, face aussi aux commandos composés de ceux des blancs qui n'ont pas pu être désignés par le tirage au sort, face enfin à une puissante police dotée d'un budget de 16 millions de dollars. Un jeune blanc sur deux est enrôlé dans l'armée. Les hommes blancs valides sont armés, entraînés au maniement des armes: des écoles enseignent à tuer pour 16 dollars 80 cents.

De l'analyse de cette situation, il ressort clairement qu'il y a menace à la paix et à la sécurité internationale. Sur ce point, les conclusions des experts, des observateurs impartiaux et des autorités ecclésiastiques se rejoignent. C'est ainsi que les experts désignés en vertu de la résolution adoptée le 4 décembre 1963 (S/5471) parlent, pour dépeindre l'aboutissement de cet antagonisme, de conflagration générale; c'est ainsi que le révérend Denis Hurley, archevêque catholique de Durban, affirme que le jour des comptes approche. Sir Hugh Foot, l'un des experts, ancien gouverneur anglais de la Jamaïque, puis de Chypre, estime qu'une guerre raciale semble imminente en Afrique du Sud et que cette guerre prendra de telles proportions qu'elle s'étendra au monde entier.

Le Conseil de Sécurité se doit de constater qu'il y a menace à la paix et à la sécurité internationale, conformément à l'article 39 chapitre VII de la Charte des Nations Unies. Dès lors, le Conseil doit assumer entièrement ses obligations, se débarrasser des antagonismes d'intérêts qui le paralysent et prendre des décisions, tout en rappelant à l'Afrique du Sud ses obligations à l'égard du Conseil de Sécurité en vertu de l'article 25 de la Charte. Pour l'aider à prendre de telles décisions, le Conseil dispose de toute une série d'études et, en particulier, du rapport du Groupe d'Experts établi en application de la résolution du 4 décembre 1963 (S/5658 annexe), des rapports du Comité Spécial chargé d'étudier la politique d'apartheid en date des 25 mars et 15 mai 1964 (S/5621 et S/5717) et enfin des études d'experts économistes réunis à Londres. Toutes ces études qui concluent à l'application de sanctions économiques comme seul moyen pacifique restant pour obliger le Gouvernement de Pretoria à résoudre le problème.

J'interviens, je souligne, en ma qualité de Président du Conseil de Sécurité. La paix est menacée par le conflit racial issu de la politique d'apartheid. Le Gouvernement blanc de Pretoria et ses alliés, les noirs d'Afrique du Sud et leurs alliés sont tous pris dans l'engrenage d'une machine infernale qui conduit à la guerre raciale effroyable qui, quand bien même elle épargnerait le monde de la destruction totale, modifierait tragiquement l'équilibre des civilisations par les options que l'Afrique serait amenée à prendre en renonçant à sa neutralité.

Des décisions courageuses du Conseil de Sécurité dépend la survie de l'organisme international. Souvenez-vous du processus qui a conduit à la disparition de la Société des Nations.

Si la décision que vous allez prendre ne fait pas tomber la tension dans cette partie du monde, nous reviendrons devant vous autant de fois qu'il le faudra, avec la même détermination, la même combativité, car nous avons besoin de la paix. Et si, par malheur, quelque chose se passait entre-temps, nous nous demanderions si ce n'est pas parce que vous n'avez pas su dominer vos intérêts pour préserver ce qu'il y a de plus important au monde: LA PAIX .Quoi qu'il en soit, le destin le veut. Nous sommes convaincus que nous avons fait ce que nous avons pu, mais que, dans les circonstances actuelles, seuls trois pays peuvent sauver la paix.

Oui, seuls trois pays, le Royaume-Uni, les Etats-Unis et la France peuvent sauver la paix dans cette région en facilitant le règlement pacifique du problème posé par l'apartheid. A partir du moment où ces trois pays sont d'accord avec nous pour condamner l'apartheid comme étant une pratique inhumaine et immorale, à partir du moment où, mieux que nous, ils connaissent la détermination diabolique du gouvernement de Pretoria de réaliser son dessein monstrueux, ils ne devraient plus se contenter de l'attitude négative qui consiste à bloquer ou à rejeter toutes les mesures que nous leur proposons ou que leur proposent des experts qu'ils ont contribué à désigner. A moins qu'ils choisissent de paralyser l'Organisation pour permettre au gouvernement Sud Africain de gagner du temps.

Oui, pour gagner du temps, comme l'a demandé à la tribune de l'Assemblée Générale, M. Louw, ancien Ministre des Affaires Etrangères d'Afrique du Sud, pour accomplir proprement sa sale besogne. En effet, l'attitude qui consiste à dire "condamnons l'apartheid verbalement, laissons faire le gouvernement jusqu'à ce que l'Esprit Saint vienne l'éclairer et qu'il change sa politique par des réformes administratives internes" n'est pas une attitude positive, et elle ne saurait être acceptée par nous. Passons donc au vote avec l'espoir que la résolution sera adoptée.

La Question sur la situation en Afrique du Sud : Mr Alex Quaison
-Sackey du Ghana (à gauche) discute avec Mr Arsène Assouan Usher,
Président du Conseil de Sécurité (ONU, New York, le 10 juin 1964)

Décision du Conseil

A la 1135ième séance, le 18 juin 1964, le projet de résolution de la Bolivie et de la Norvège (S/5769) est adopté par 8 voix contre zéro avec 3 abstentions (France, Tchécoslovaquie, URSS)

Communication de l'Afrique du Sud

Par lettre du 13 juillet 1964 (S/5817) adressée au Secrétaire Général, le représentant permanent de l'Afrique du Sud, se référant à la lettre du 9 juin par laquelle le Secrétaire Général faisait tenir au Gouvernement Sud-Africain le texte de la résolution (S/5761) du 9 juin 1964, a confirmé la position de son gouvernement.

Son gouvernement considère l'ingérence de l'Organisation des Nations Unies dans la procédure judiciaire d'un Etat membre comme tout à fait illégale et comme un abus des droits que confère la Charte des Nations Unies. Dans le cas présent, le Gouvernement sud-africain considérait cette ingérence comme particulièrement inadmissible du fait que les débats du Conseil avaient eu lieu avant le prononcé du jugement. En raison du caractère anticonstitutionnel de la résolution du Conseil, il estimait n'avoir aucune obligation, ni juridique, ni morale, de répondre à la lettre du Secrétaire Général. Sans préjudice de la position juridique du Gouvernement Sud-Africain, ce dernier avait chargé le représentant permanent de transmettre, pour l'information du Conseil, le texte du jugement rendu à l'issue du procès de Rivonia.

État de la question de l'apartheid

La politique de l'apartheid de l'Afrique du Sud a entraîné sa condamnation par différentes organisations internationales telles que l'Organisation Internationale du Travail en mars 1964. Mais par suite de l'attitude de la France, du Royaume-Uni et des Etats-Unis, le Conseil de Sécurité a toujours refusé de considérer que la situation en Afrique du Sud relevait des causes des sanctions prévues par le Chapitre VII de la Charte des Nations Unies. Pour que ce Chapitre de la Charte soit applicable, le Conseil doit décider que la situation constitue une menace à la paix et à la sécurité internationale. Toutefois, sous la pression du Groupe afro-asiatique, le Conseil a pris des décisions qui, progressivement admettent le principe des mesures collectives contre l'Afrique du Sud.

Déclaration de la Côte d'Ivoire

Avant toute chose, je voudrais remercier le représentant de la Norvège, Monsieur Nielsen, et le représentant de la Bolivie, pour les efforts qu'ils ont déployés afin de permettre au Conseil, de clore honorablement ses débats sur l'apartheid. Ayant été mêlé moi-même aux négociations, je mesure à juste titre les difficultés que les auteurs de ce projet de résolution ont dû surmonter pour nous donner ce texte équilibré.

Ils n'ont pas osé condamner ces innocents à mort. Ils n'ont pas osé les assassiner, mais ils ont quand même osé condamner Nelson Mandela et ses compagnons à vie. Pour nous, la lutte continue. Il faut obtenir la libération de Nelson Mandela, artisan de la vraie paix en Afrique du Sud. Oui, ainsi, nous répétons que nous ne croyons pas que ces hommes de Pretoria sont dans un état de grâce suffisant pour être éclairés par l'Esprit Saint afin de modifier, dans le sens que nous souhaitons tous, la situation qu'ils ont créée grâce à des réformes législatives et constitutionnelles internes

La lutte continue pour la libération de Nelson Mandela, l'artisan de la paix, et nous avons besoin de tous nos amis latino-américains et de tous nos amis, les pays d'Europe et particulièrement les pays scandinaves qui se sont rangés de notre côté, et avec leurs syndicats, combattent effectivement l'apartheid. Tout d'abord, nous réservons notre droit de demander la réunion du Conseil de Sécurité à tout moment si les circonstances l'exigent et si à la réunion de nos Chefs d'Etats, au mois de juillet au Caire, le mandat nous en est donné, nous reviendrons immédiatement et nous demanderons la réunion du Conseil de Sécurité.

Enfin, nous estimons que l'Assemblée Générale, qui a déjà inscrit à son ordre du jour provisoire le problème de l'Apartheid doit continuer, le moment venu, à le discuter. Oui, Nelson Mandela doit être libéré. C'est lui qui peut ramener la paix en Afrique du Sud et garantir la vraie paix en Afrique.

L'Ambassadeur Arsène Assouan Usher, représentant permanent de la République
de Côte d'Ivoire aux Nations Unies s'adressant au Conseil de Sécurité sur
la Question de la Rhodésie du Sud (ONU, New York, le 30 avril 1965)

Le débat sur la Rhodésie du Sud au Conseil de Sécurité : le Secrétaire Général examine un document avec des membres du Conseil. De gauche à droite : Mr U Thant, Mr Abdul Monem Rivfavi (Jordanie), Mr Arsène Assouan Usher (Côte d`Ivoire), Mr Radhakrishna Ramani (Malaisie), Président du Conseil (5 mai 1965)

Chapitre cinquième

Côte d'Ivoire, pays de l'hospitalité, patrie de la vraie fraternité

"Mais ce que nous devons apporter de plus à ce monde déchiré, c'est notre amour sincère de la Paix et de la justice. Pour cette tâche, tous les Africains d'expression française, tous les Africains se doivent de s'unir, de se concerter afin de soustraire leur pays à de funestes compétitions"; "Un pays de paix et de sécurité dans lequel tout homme peut ambitionner de venir travailler en Paix avec lui-même et en Paix avec son prochain"Félix Houphouët-Boigny

La Côte d'Ivoire n'est pas "exclusionniste", c'est le pays le plus hospitalier.

Félix Houphouët-Boigny est convaincu qu'il faut "éviter les violences inutiles, les déchirements préjudiciables à toute construction durable". Aussi, a-t-il pour objectif de créer une communauté de peuples, de continents, de races, de religions, de degrés de civilisation différents, mais animée d'un même idéal de paix et de bonheur partagé. L'objectif de la Côte d'Ivoire est de réaliser l'unité du continent, libérer toute l'Afrique du joug colonial, s'unir pour survivre dans ce monde impitoyable. Seule l'idée d'une "Grande Patrie Africaine" libèrerait l'Afrique.

Là où sont les ténèbres, mettons la lumière.

Le 18 Octobre 1946, avec ses pairs, le messager Houphouët-Boigny crée le RDA[1], le plus riche, le premier mouvement d'émancipation, à Bamako au pays de Soundiata Keita.

Le 14 février 1959, les Présidents Kwamé N'Krumah et Houphouët-Boigny se rencontrent, et j'ai l'honneur d'être présent. Ils sont d'accord sur la nécessité de créer la "Grande Patrie Africaine" mais en désaccord sur la méthode pour y parvenir. Kwamé N'Krumah propose un gouvernement et un parlement continentaux. Houphouët-Boigny estime cette méthode dangereuse et suggère la création de structures de solidarité qui se superposeraient pour parvenir à un sommet, dans le respect des frontières des pays fédérés.

Dès qu'ils se séparent, Houphouët-Boigny crée le 29 mars 1959 le Conseil de l'Entente (ou l'Entente) avec 4 Etats: la Côte d'Ivoire, le Dahomey (actuel Bénin), la Haute-Volta (actuel Burkina Faso) et le Niger. Le Togo, les rejoindra en 1966. Le Conseil de l'Entente est doté d'un Fonds de solidarité alimenté majoritairement par la Côte d'Ivoire (de l'ordre de 70% de l'ensemble des contributions) afin de soutenir financièrement les autres pays membres. La Côte d'Ivoire apporte donc, par solidarité, assistance et aide aux pays de la sous-région en particulier, et à l'Afrique en général.

En Octobre 1960, la Côte d'Ivoire initie la création de l'Union Africaine et Malgache[2] (UAM regroupant 12 Etats) qui deviendra en Mai 1965 l'Organisation Commune Africaine et Malgache (OCAM avec 15 Etats). Il existe pour cette organisation un fond de solidarité alimenté par la Côte d'Ivoire à hauteur de 60%.

Au cours d'une réunion de l'UAM à Brazzaville, Le Président Houphouët-Boigny propose l'ouverture de l'UAM aux Etats africains anglophones et lusophones. Avec l'accord des membres de l'UAM, il écrit à Kwamé N'Krumah du Ghana, Modibo Keita du Mali et à Sir Tafawa Balewa du Nigeria pour leur en faire la suggestion. En réponse, Kwamé N'Krumah insiste sur sa première proposition (un gouvernement et un parlement continentaux), Tafawa Balewa estime que cela exige une étude sérieuse tandis que Modibo Keita suggère qu'un Président neutre en prenne l'initiative car en Janvier 1961, en réplique à l'UAM, Kwamé N'Krumah fonde le groupe de Casablanca

Le Président Houphouët-Boigny estimant la réponse de Modibo positive, demande au Président Tubman du Libéria d'en prendre l'initiative. Et en Janvier 1962, naît le groupe de Monrovia (20 Etats) qui vise à associer tous les Etats africains. Les cinq Etats du groupe de Casablanca sont absents. Le Président Houphouët-Boigny demande

Les Présidents Félix Houphouët-Boigny, Bourguiba, et
Maître Arsène Assouan Usher à l'arrière plan.

alors à Sir Tafawa Balewa de convoquer une deuxième réunion à Lagos où, sous le prétexte que le Front de Libération[3] Nationale d'Algérie n'a pas été invité, le groupe de Casablanca brille par son absence. Pour la troisième fois, le Président Houphouët-Boigny demande au doyen l'Empereur Hailé Sélassié d'Ethiopie de prendre l'initiative d'une réunion. Entre temps l'Algérie accède à l'indépendance le 1er juillet 1962. Le 28 mai 1963 naît à Addis Abeba l'Organisation de l'Unité Africaine (OUA, 32 Etats). La Côte-d'Ivoire propose à l'image du Conseil de l'Entente un fond de solidarité qui devient la Banque Africaine de Développement (BAD). Parce que la BAD est une initiative de la Côte-d'Ivoire, sur proposition de l'Empereur Haïlé Sélassié, appuyé par Sir Tafawa Balewa du Nigeria, le siège de la BAD est installé en Côte d'Ivoire, à Abidjan. En outre, la Côte-d'Ivoire propose des structures économiques et financières de solidarité: UEMOA[4], BCEAO[5], CEDEAO[6] et y contribue financièrement de manière substantielle[7].

Mais pour la Côte d'Ivoire cette nécessaire intégration ne peut réussir que dans un climat de paix permanente. Aussi, intervient-elle pour apaiser les conflits latents : Ghana-Togo, Cameroun-Nigéria, Ethiopie-Soudan, Kenya-Ouganda, Mali-Haute-Volta, Algérie-Maroc-Espagne au sujet du Sahara Occidental. Dans le même temps, la Côte d'Ivoire participe à la lutte pour l'indépendance de l'Afrique : Congo Léopoldville-Belgique, Rwanda, Burundi et les colonies portugaises : Angola, Mozambique, Guinée Bissau, Cap Vert.

L'abolition de l'apartheid, la libération de Nelson Mandela, l'accession de Mandela au poste de Président de l'Afrique du Sud sont les fruits de la politique du Président Félix Houphouët-Boigny. Quel Ivoirien n'a pas été fier que Frederick de Klerk et Nelson Mandela soient des lauréats du Prix International Houphouët-Boigny pour la Recherche de la Paix décerné par l'UNESCO?

Pour que la Côte d'Ivoire ne demeure pas un oasis de paix dans le désert, elle est devenue une plaque tournante diplomatique de la construction de l'unité africaine, de la paix en Afrique, et dans le monde. Ainsi pour la Côte d'Ivoire, l'idéal commun des Africains est de construire l'Unité Africaine pour parvenir à cette "Grande Patrie Africaine".Il n'est pas étonnant que la diplomatie ivoirienne ait présidé l'Assemblée Générale des Nations Unies, et que notre Ministre des Affaires Etrangères, Essy

Amara, ait été choisi pour transformer l'OUA en UA en 2002 (Union Africaine). Pour l'avenir de l'Afrique, l'unité est une nécessité.

L'idéal de la "Grande Patrie Africaine" est la clé pour la compréhension du problème ivoirien. Selon l'hymne national de la Côte d'Ivoire, pays de l'hospitalité, patrie de la vraie fraternité, tout Homme peut venir y vivre et travailler en paix avec lui-même et en paix avec son prochain. La Côte d'Ivoire demeure le vrai pays de l'hospitalité. Au moment de l'indépendance, le pays compte 3.200.000 habitants dont 300.000 immigrés. Quinze ans après, en 1975, la Côte d'Ivoire recense déjà 1.400.000 étrangers sur 6.709.600 habitants alors que douze pays africains (Maroc, Mauritanie, Sénégal, Gambie, Haute Volta, Bénin, Togo, Niger, Cameroun, Gabon, Zaïre, Kenya) ne comptent tous réunis que 226.800 étrangers sur une population totale de 79.652.700 habitants.

En 2003, la Côte d'Ivoire dénombre 6 millions d'étrangers sur 16 millions d'habitants et, ainsi, atteint le taux d'immigration de 37%,[8] l'un des plus élevés au monde. Viennent ensuite le Sénégal avec 1,9%, le Niger 1,2%, la Mauritanie 0,9%, le Mali 0,7% et le Burkina Faso 0,3%. Même la France, qui dit avoir atteint le seuil de tolérance et qui expulse les sans-papiers, a un taux d'immigration n'atteignant pas 10%.

La Côte d'Ivoire demeure la Patrie de la vraie fraternité. Jusqu'en 1990, les immigrés africains ont les mêmes droits politiques que les Ivoiriens. Ils sont électeurs et éligibles et accèdent à tous les postes politiques et administratifs. La Côte d'ivoire est le rare pays au monde qui compte des chefs de service, des ambassadeurs, des ministres, même un Chef d'Etat Major des armées non ivoiriens.

En 1990, avec le retour du multipartisme, on se plaint de l'utilisation des étrangers comme "bétail électoral", et leurs droits politiques sont supprimés. Ils continuent, néanmoins, de bénéficier des mêmes droits que les Ivoiriens sur le plan économique et social. Les immigrés détiennent 65 % du secteur primaire (agriculture), 80 % du secteur secondaire (industrie, transport), 78 % du secteur tertiaire (commerce, services). Ainsi 58% de l'économie ivoirienne est entre les mains des non Ivoiriens, 42% seulement aux mains des Ivoiriens. La Côte d'Ivoire reste le pays le plus intégrationniste.

Tous les Africains et en particulier ceux de la sous région ont intérêt à ce que la Côte d'Ivoire retrouve la paix. En effet, si avant les événements, la Côte d'Ivoire compte un taux de pauvreté de sa

Maitre Arsène Assouan Usher, Ministre des Affaires Etrangères de la
République de Côte d'Ivoire saluant l'Empereur Hailé Sélassié.

population de 30,6%, celui des pays voisins atteint pour la Guinée 43,3%, le Burkina 48,6%, le Niger 64, %, le Mali 67%. Avec les répercussions de la situation actuelle, le taux de pauvreté est passé pour la Côte d'Ivoire à 61,2%[9], la Guinée à 80%, le Burkina à 85,8%, le Mali à 90%, le Niger à 91,7%!

Dans la logique de la "Grande Patrie Africaine", les citoyens de la patrie Afrique devraient jouir des mêmes droits dans chacune des patries la composant. La Côte d'Ivoire s'est donné un code de nationalité libéral, la Loi 61-415 portant code de nationalité. Le Code de Nationalité prévoit dans son Article 3 que "les dispositions relatives à la nationalité contenues dans les traités ou accords internationaux dûment ratifiés et publiés s'appliquent même si elles sont contraires aux dispositions de la législation interne ivoirienne". Cet Article 3 est le reflet du préambule de la Constitution dans lequel la Côte d'Ivoire s'engage à promouvoir l'intégration régionale et sous régionale en vue de la constitution de l'unité africaine.

La nationalité d'origine naît du droit du sang du père et de la mère, du père ou de la mère (Art 6 et 7). Dans le dernier cas elle n'est pas exclusive sauf si l'un des parents est inconnu, sinon on a la nationalité du parent ivoirien mais on a potentiellement celle du parent non ivoirien.

On peut acquérir la nationalité ivoirienne de plein droit : l'enfant adopté (Art 11), la femme mariée à un Ivoirien (Art 12), la femme et l'enfant majeur de l'étranger naturalisé Ivoirien.

On peut acquérir la nationalité par naturalisation après seulement 5 ans de résidence, 2 ans si on est né en Côte d'Ivoire ou si on est marié à une Ivoirienne. La différence entre la femme mariée à un Ivoirien et l'homme marié à une Ivoirienne tient à ce que l'homme est, selon la loi, considéré comme le chef de la famille, et, légalement c'est la femme qui rejoint l'homme. C'est sans condition également pour l'étranger qui a rendu un service exceptionnel à la Côte d'Ivoire ou celui dont la naturalisation présente pour la Côte d'Ivoire un intérêt exceptionnel. C'est ça la vérité[10]!

Que les Nations Unies fassent faire une étude comparative de tous les codes de nationalité de tous les pays membres pour voir s'il y a un code plus libéral que le Code ivoirien!

Mais beaucoup d'immigrés n'ont pas demandé à être naturalisés, ce n'est pas par ignorance mais ils sont plus émigrés qu'immigrés, ils sont venus en Côte d'Ivoire pour un besoin d'argent. On ne montre pas, dit-on en Afrique, son village avec la main gauche[11]. Ainsi, le Président Félix Houphouët-Boigny veut, en 1972, accorder la double nationalité à tous les immigrés Ouest africains dans notre pays: être Ivoirien en Côte d'Ivoire et retrouver sa nationalité au retour dans son pays d'origine. C'est l'époque où les Dahoméens et les Togolais sont les immigrés les plus nombreux. Devant les protestations du peuple, un Conseil National est tenu et c'est l'intervention d'un vieux paysan de Lakota qui résume cet important débat:

- Missié Président, jourd`hui on va parlé franchise vérité. Si tu veu vendu Côte d`Ivoire là, nous on va n`aille.

- Vous allez aller où?[12]

- Woilà,! C'est toi qu'a fait pays là, comme tu veux vendu lui maintenant, tu vas montrer nous où on va n`aille.

- Vous avez peur des Dahoméens et des Togolais?

- Oui nous peur des Daho Togo leurs, y sont nombreux, quand tu peur caïman, même mort tu peur lui!

- Vous, vous êtes contre ma proposition de double nationalité, mais les membres du Bureau Politique étaient d`accord avec moi,

- Ooooh!! Leur blagué toi. Pas un seul sont d`accord!

Parce que le Conseil National manifeste son désaccord, le Président Houphouët-Boigny renonce à la double nationalité. "Pour la première fois mon peuple m'a désavoué", dit le Président. Et c'est ainsi que la Loi de 1972 modifie le code de nationalité contenu dans la Loi 61-415 de 1961 et supprime tout ce qui conduit à la double nationalité, surtout le droit du sol.

C'est dans ce pays, le plus xénophile du monde, qu'on prétend faire la guerre à la xénophobie? C'est dans ce pays, le plus hospitalier du monde, qu'on prétend faire la guerre à l'exclusion? C'est dans ce pays de l'intégration qu'on prétend faire la guerre contre l'ivoirité? La xénophobie, l'exclusion, l'ivoirité sont-elles vraiment les causes des drames avec des milliers de morts, des exilés, des déplacés que vit depuis plus de trois ans le pays d'Houphouët-Boigny, artisan de la paix? La Côte-d'Ivoire ne mérite pas cette situation.

Aucun pays africain n'imite la Côte d'Ivoire. Elle se retrouve seule sur le chemin vers l'idéal que représente la Grande Patrie Africaine. Ceci constitue un des grands problèmes ivoiriens. En effet, la politique ivoirienne d'ouverture et d'intégration développe des effets pervers. La Côte d'Ivoire a un des taux de croissance démographique les plus élevés atteignant la moyenne de 3,8 % et constitué de 5,4% pour les immigrés et de 2,2% pour les Ivoiriens. Or une population qui s'accroît de 1% double tous les 70 ans, de 2% double tous les 35 ans, de 3,5% double tous les 20 ans. En 2002, la Côte d'Ivoire compte 15 millions d'habitants dont 5 millions d'étrangers. Dans 20 ans, elle comptera 35 millions d'habitants dont 20 millions d'Ivoiriens et 15 millions de non Ivoiriens. En 2025 les non Ivoiriens seront plus nombreux que les Ivoiriens.

Frères et sœurs, attachons-nous à avoir devant les yeux la devise de notre République, Union Discipline Travail. Rappelons-nous que c'est à la cause de la paix que notre indépendance doit être consacrée. Africains, frères et sœurs, n'est-ce-pas de paix que nous avons besoin en Afrique pour permettre le développement de nos richesses qui sont grandes et dont certaines ne sont pas encore ou sont peu exploitées?

Le Japon a connu la guerre la plus atroce, la deuxième guerre mondiale avec l'essai des bombes atomiques sur Hiroshima et Nagasaki. Mais le Japon est revenu à la paix et dans sa nouvelle Constitution, il condamne la guerre et s'engage à ne jamais plus la faire. Ne nous décourageons pas, déterminons les vrais diagnostics de la maladie ivoirienne, afin que le médicament soit efficace et non mortel.

La paix permanente ne s'obtient que par le dialogue, la tolérance, la justice, c'est-à-dire la diplomatie. Le développement naît aussi de la diplomatie. Depuis son indépendance, le 7 Août 1960, la Côte d'Ivoire a établi des relations diplomatiques avec tous les Etats et plus particulièrement les grandes puissances, France, Angleterre, Etats-Unis, des relations multilatérales avec les Nations Unies et de nombreuses institutions internationales.

Concernant le conflit ivoirien tout le monde a été induit en erreur de Linas Marcoussis au Conseil de Sécurité!

Chapitre sixième

La crise sociopolitique

"J'ai formé une équipe d'Hommes, je souhaite qu'ils restent en équipe, l'un d'entre eux me succèdera et il fera mieux que moi, parce que il est plus difficile de tracer un sentier que de l'élargir"; "Entre l'injustice et le désordre, je préfère l'injustice qu'on peut réparer au désordre dont on ne sait pas jusqu'où cela va aboutir". Félix Houphouët-Boigny

Quo vadis Côte d'Ivoire? Où vas-tu Côte d'Ivoire? Je retourne à la case départ avec le risque de me faire à nouveau coloniser.

De 1960 à 1978, la Côte d'Ivoire connait une croissance si forte qu'on parle de miracle ivoirien. Mais en 1989-1990, la croissance devient dramatiquement négative. Et au Président Houphouët-Boigny à qui l'on demande ce que deviendra la Côte d'Ivoire sans lui, il répond, "J'ai formé une équipe d'Hommes, je souhaite qu'ils restent en équipe. L'un d'entre eux me succédera et il fera mieux que moi, parce qu'il est plus difficile de tracer un sentier que de l'élargir".

Le Père Fondateur de la nation ivoirienne, modifie l'art. 11 de la Constitution pour que l'œuvre d'unification nationale de paix et de progrès économique et social ne soit pas compromise par des compétitions de candidats à la succession. Ces compétitions, étant données la complexité et la diversité du tissu social ivoirien, peuvent entraîner de graves conséquences. Cet article 11 stipule qu'en cas de vacance de la Présidence de la République par décès, démission, ou empêchement absolu, le Président de l'Assemblée Nationale devient de plein droit Président de la République et ce, jusqu'à la fin du mandat présidentiel en cours.

Hélas, le 7 Décembre 1993, le Père Fondateur disparait. Et aussitôt l'équipe se disloque. La discorde s'installe immédiatement autour du fauteuil présidentiel avec pour protagonistes le Président de l'Assemblée Nationale, Henri Konan Bédié, successeur constitutionnel, le Premier Ministre en exercice, Alassane Dramane Ouattara, le Président du Conseil Economique et Social, Philippe Grégoire Yacé et le chef d'Etat Major le Général Robert Guéï. Chacun veut être Président par tous les moyens. Le successeur constitutionnel, Henri Konan Bédié, en application de l'article 11, prend le pouvoir.

Le 24 Décembre 1999, le Général Robert Guéï, Chef d'Etat Major, déclenche un coup d'Etat sous prétexte qu'il vient "balayer la maison". Le Président Henri Konan Bédié, président du PDCI-RDA, fait appel à la France lui demandant d'appliquer les accords de défense signés par la France et la Côte d'Ivoire et qui expliquent la présence de l'armée française dans notre pays. Mais la France, avec la Gauche socialiste au pouvoir, refuse d'intervenir pour favoriser, sans doute, les socialistes ivoiriens. Le coup d'Etat réussit et le Général Robert Guéï prend le pouvoir. Il est soutenu par l'ancien Premier Ministre en exercice Alassane Dramane Ouattara et le Président du Front Populaire Ivoirien (FPI) d'obédience socialiste, Laurent Gbagbo.

Mais voici que tout se complique. En effet, certains partis qui convoitent le fauteuil présidentiel pensent pouvoir tirer parti du coup d'Etat mais, se retrouvent bien déçus de voir que le Général veut garder le pouvoir pour lui-même.

En 2000, le Général Guéï, contraint, organise les élections présidentielles. Les candidatures des grands partis, PDCI-RDA et RDR[1] sont éliminées. Une élection que même le FPI, le seul grand parti dont la candidature est retenue, qualifie de calamiteuse. Car les résultats étant contestés, chacun des deux principaux candidats Robert Guéï et Laurent Gbagbo, prétend être élu. Le Président Gbagbo du FPI socialiste appelle à prendre le pouvoir dans la rue. Et le FPI, avec des martyrs, prend en effet le pouvoir. Ainsi, depuis Octobre 2000, le Président du FPI, Laurent Gbagbo, est Président de la Côte d'Ivoire. Les 18-19 Septembre 2002, nouvelle tentative de coup d'Etat. Manquée, elle se transforme en guerre. Le gouvernement fait, à nouveau, appel à la France, en application des accords de défense. La France dirigée alors par la droite capitaliste non seulement refuse d'intervenir, mais sous prétexte de sécuriser ses nationaux, favorise l'installation des rebelles à Bouaké, deuxième ville de Côte d'Ivoire. Et depuis, la Côte d'Ivoire est victime de l'Equilibre de la Terreur, et, l'objet de la guerre par interposition avec pour objectif le renversement du gouvernement Gbagbo, gouvernement socialiste de Côte d'Ivoire.

Les coups d'Etat sont répétitifs! Pour l'avoir prévenu on m'a alors traité de Judas[2]. Et presque tous les pays africains en ont connus à l'exception du Sénégal, du Cameroun, du Gabon et de la Côte d'Ivoire jusqu'au coup d'Etat du Général Guéï. C'est pourquoi il nous fallait cerner ce premier coup d'Etat afin de décourager toute répétition, et surtout nous souvenir que le Président Houphouët-Boigny a dit : "Entre l'injustice et le désordre, je préfère l'injustice qu'on peut réparer au désordre dont on ne sait pas jusqu'où cela va aboutir".

Sur l'initiative de la CEDEAO, et avec pour médiateur le Président Gnassingbé Eyadema, est organisée, à Lomé, une rencontre entre les belligérants: d'une part, le gouvernement et les FANCI (Forces Armées Nationales de Côte d'Ivoire) et, d'autre part, les trois mouvements rebelles. Au terme des négociations le 17 octobre 2003 ils arrivent à un accord: l'arrêt des hostilités. Le médiateur se rend en Côte d'Ivoire, y consulte tous les partis politiques pour une convention signée par tous admettant que le Président en exercice termine son mandat. Alors, les difficultés commencent. Au grand étonnement de tous, le Président du RDR, Alassane Dramane Ouattara, dénonce la signature du Secrétaire Général de son parti et le Président du PIT (Parti Ivoirien des Travailleurs), Francis Wodié, dénonce le médiateur Gnassingbé Eyadema.

Du 15 au 23 janvier 2003, le Président français Jacques Chirac, organise une table ronde en France, à Linas Marcoussis, avec les représentants de 7 partis politiques ivoiriens représentés à l'Assemblée Nationale et dans les collectivités locales ainsi que les trois mouvements rebelles. Ne sont représentés ni le gouvernement ni les FANCI. Ancien Président du Conseil de Sécurité des Nations Unies, je me suis posé la question: Où vas-tu Côte d'Ivoire? "Je retourne á la case départ avec le risque de me faire à nouveau coloniser".

Les Accords de Linas Marcoussis sont d'une application difficile. Le premier accord auquel ils parviennent est la prise du pouvoir et sa gestion de manière démocratique. La mise en place d'un gouvernement de réconciliation nationale dirigé par un Premier Ministre de consensus, inamovible disposant des prérogatives de l'exécutif. Le Premier Ministre prépare les prochaines élections présidentielles mais n'est pas éligible. Les Ministres de ce gouvernement de réconciliation nationale sont désignés par chacune des délégations et leurs attributions définies à la table ronde de manière équilibrée. Le Premier Ministre disposant des prérogatives de l'exécutif, le Président de la République n'est plus détenteur exclusif du pouvoir.

Les partis politiques à la table ronde s'engagent à faire voter positivement leurs députés.

Le problème le plus délicat reste le désarmement. Pour certains, c'est un préalable à la réconciliation, pour d'autres c'est un processus, pour d'autres encore c'est la logique de la paix. Le désarmement est une nécessité car la situation de non désarmement crée une atmosphère qui rend difficile l'arrêt des hostilités.

Les Accords de Linas Marcoussis envisagent de démobiliser les 4000 jeunes enrôlés le 19 Septembre 2002. Il est prévu de déterminer les mesures de désarmement et de démobilisation de ces non intégrés à l'armée nationale, de procéder à leur rapatriement, leur réinsertion sociale avec l'appui des partenaires au développement.

Toutefois, ces Accords ne mentionnent pas le désarmement des rebelles mais le "regroupement concomitant des forces en présence". Ainsi, une Nouvelle Armée Nationale, (les Forces Nouvelles ou rebelles, et, les Loyalistes ou FANCI), sous le contrôle de la CEDEAO et des forces françaises, permettra au Gouvernement d'assurer ses obligations en matière de sécurité et de défense nationale. Pour la restructuration de la Nouvelle Armée Nationale, on procèdera à un audit pour déterminer les moyens nécessaires et on aura recours à une aide financière étrangère.

La France a soumis ces accords à des chefs d'Etat amis à Kléber qui ont même voulu confier le Ministère de la Défense et de la Sécurité aux rebelles (Forces Nouvelles) pour créer la Nouvelle Armée Nationale. Mais, le peuple ivoirien a protesté.

Dans tous les cas d'obstruction ou de défaillance, le Comité de Suivi saisit les instances régionales et internationales pour des mesures de redressement appropriées. Le Comité de Suivi a un rôle extrêmement délicat. L'application de cet accord exige donc la révision de certains articles de la Constitution, or aucune procédure de révision ne peut être engagée ou poursuivie lorsqu'il est porté atteinte à l'intégrité territoriale (Art. 127). Au préalable, la libération du territoire est nécessaire. Nul doute que ce droit d'intervention du Comité de Suivi suscitera une résistance intérieure aux conséquences incalculables.

La France, grande puissance avec son droit de Veto, a soumis les Accords de Linas Marcoussis au Conseil de Sécurité au titre du chapitre VII de sa Charte car, pour elle, la situation en Côte d'Ivoire menace la paix dans la région. Le Conseil de Sécurité a fait sien les Accords de Linas Marcoussis et a demandé à la Côte d'Ivoire d'en appliquer le programme immédiatement. Si la Côte d'Ivoire ne se plie pas à l'injonction des Nations Unies, il faudra imposer les Accords par la force en vertu de sa Charte. Pourtant, le Chapitre VII n'a jamais été invoqué pour la Palestine, la Pologne ou Cuba!

Dans le système républicain, le Président de la République élu nomme un Premier Ministre révocable. Celui-ci forme un gouvernement qu'il présente au Président. Les ministres agissent tous en se référant au Président de la République qui est chef de l'Etat. Dans le système monarchique, le Roi est chef de l'Etat, règne mais ne gouverne pas. Un Premier Ministre élu est chef de l'exécutif, il est irrévocable, nomme ses ministres et gouverne. Or il semble que devant les difficultés, le Conseil a voulu faire de notre Président de la République un chef d'Etat qui règne mais ne gouverne pas. En fait, le Conseil n'a pas reconduit le Président de la République. Pour l'ONU, la solution au problème ivoirien c'est refaire des élections démocratiques, justes, transparentes, sous son égide. Mais il faut s'attendre, pour l'application des Accords, à des actes anticonstitutionnels imposés par le Comité de suivi ou par le Conseil de Sécurité. Le Président de la République a su contourner les difficultés de manière incontestable, en faisant du temps d'exercice du Premier Ministre un temps limité mais renouvelable, et en gardant les prérogatives de l'exécutif conformes aux articles 41 et 53 de la Constitution.

Il nous faut, malgré tout, composer avec les Nations Unies pour revenir à la Paix. Nous devons comprendre que le Conseil de Sécurité a non seulement le droit mais le devoir d'intervenir de manière répressive ou de manière préventive pour le maintien de la Paix. Dans le premier cas, on détermine le coupable, le fautif pour, ensuite, le sanctionner en usant de contraintes économiques ou militaires (articles 41 et 42 de la Charte) et même en suspendant sa qualité de membre des Nations Unies. Dans le second cas, on veut empêcher le conflit de surgir, on fait appel à des observateurs, des commissions d'enquête, des médiateurs. Nous sommes dans le deuxième cas depuis plus d'un an.

Ainsi le plus difficile, la création d'une Armée Nouvelle Nationale est acceptée. Apparemment, l'opération était impossible. Mais nous sommes en Côte d'Ivoire, terre de paix qui n'aurait jamais dû basculer dans la fosse de la désunion. Quelle chance, l'impossible est devenu possible! Les militaires, FANCI et armées des Forces Nouvelles, ont reconnu comme nous l'a enseigné le Père Fondateur de la Côte d'Ivoire que "la guerre ne règle rien" et que la paix permanente qui conditionne le développement ne naît que du dialogue.

C'est la victime les FANCI, avec leurs veuves, leurs mutilés, leurs orphelins, qui prend l'initiative du regroupement. Les FANCI et les rebelles ont su trouver la formule pour la réconciliation. Les militaires donnent, ainsi, une chance à la paix, une chance à la Côte d'Ivoire. Aussi veulent-ils faire cesser immédiatement la douleur, la détresse de l'ensemble de la population et la rassurer en décidant, le 4 Juillet 2003, de mettre fin à la guerre. Mais, même si le Président de la République a répondu "la fin de la guerre des militaires n'est pas la fin de la guerre", ces militaires que sont nos jeunes frères ou nos enfants nous ont lancé des paroles de sagesse. Unis dans une armée nationale, FANCI et rebelles acceptent de faire taire les armes au profit de la discussion et de la concertation, et, de se subordonner tous au Président de la République, Chef Suprême des Armées. Ils veulent œuvrer ensemble pour désamorcer toute velléité de reprise des hostilités et pour se débarrasser de tous les combattants étrangers. Ils s'engagent à soutenir les Accords de Linas Marcoussis et les aménagements d'Accra II[3] qui s'adressent aux hommes politiques et confient au Président de la République la nomination des Ministres de la Défense et de la Sécurité, d'une part, et invitent les députés à voter la loi d'amnistie, d'autre part. Les militaires encouragent tous les résidents en Côte d'Ivoire à les suivre dans cette voie de paix, à cultiver la tolérance, le respect de la différence, et à abandonner définitivement les attitudes et les propos qui divisent, dans un nouvel élan de fraternité et de solidarité. Ils appellent également la jeunesse à l'union, au respect de la loi et s'engagent à démanteler les groupements de jeunes mal intentionnés, armés ou non. Chaque mort supplémentaire est inutile. Les militaires prouvent que la logique de la paix habite les Ivoiriens.

La viabilité de la Côte d'Ivoire réside dans son économie, mise à mal par la guerre. Ce pays est le bien commun de tous les Ivoiriens. La sécession ne profite à aucune partie.

Oui, tout pour notre jeunesse! Les politiques doivent s'atteler à désarmer les esprits pour désarmer les mains et ramener la confiance afin que tous, Ivoiriens marqués à jamais dans notre chair par cette guerre, nous abordions les Annexes[4] du programme de Linas Marcoussis et que la Côte d'Ivoire reste la Côte d'Ivoire!!

Les Annexes des Accords de Marcoussis demeurent d'application très délicate. La Côte d'Ivoire est tenue d'appliquer les Annexes, qui sont de valeur égale aux principes que je viens de commenter. Le gouvernement de réconciliation nationale est chargé de relancer immédiatement la procédure de naturalisation. Il doit déposer, dans un délai de six mois, une loi pour naturaliser les anciens bénéficiaires du droit du sol au titre des articles 17 à 23 de la Loi 61-415 du Code de Nationalité abrogée en 1972. Il est, en outre, tenu de naturaliser les personnes résidant en Côte d'Ivoire avant le 7 Août 1960 et d'amender l'art. 12 de la Loi 61-415 pour octroyer la nationalité ivoirienne aux hommes mariés à des Ivoiriennes.

Tout ceci n'a aucune justification. Le libéralisme du code ivoirien concernant la nationalité et la condition des étrangers est unique au monde. L'ouverture dont il témoigne tient à la poursuite de l'idéal de la "Grande Patrie Africaine". En 1959, les Présidents Houphouët-Boigny et Kwamé N'Krumah, malgré leur divergence dans la méthode, souhaitaient fortement une Afrique de citoyens jouissant des mêmes droits. Le Président Houphouët-Boigny a très tôt fait inscrire dans notre Code de Nationalité l'Article 3 qui donne la prééminence aux accords internationaux en matière de nationalité sur la législation interne ivoirienne. Aussi, depuis l'indépendance, notre Code de Nationalité offre-t-il plus de 8 cas de naturalisation pour les immigrés résidents, plus de 20 pour ceux nés en Côte-d'Ivoire et plus de 20 autres également pour les mariés à des Ivoiriennes. Malheureusement, la Côte d'Ivoire est restée le seul pays à appliquer ces lois d'hospitalité et de fraternité.

D'ailleurs, elle a un des taux d'immigration les plus élevés représentant largement le tiers de sa population totale.

Concernant la condition des étrangers, les Annexes exigent de supprimer immédiatement les cartes de séjour des originaires de la CEDEAO, d'étudier des dispositions législatives et règlementaires pour améliorer la condition des étrangers (respect des droits fondamentaux, protection de leurs biens et de leurs personnes, sécurisation du foncier rural), de ratifier le protocole de la libre circulation des personnes et des biens et de diversifier les pôles de développement avec le soutien des partenaires internationaux. Ces exigences ne s'imposent pas, ne s'expliquent pas davantage. Jusqu'aujourd'hui, les immigrants jouissent des mêmes droits socio-économiques que les nationaux. Des postes de la haute administration ivoirienne ont souvent été occupés par des fonctionnaires non ivoiriens. Entre autres, nous pouvons citer : Commandant Sanon (Voltaïque), Chef d'Etat Major des Armées ; Paul Kaya (Congolais), Secrétaire Général du Conseil de l'Entente ; Sidia Touré (Guinéen), Ancien Directeur de la Caisse de Péréquation puis Directeur de Cabinet du Premier Ministre.

A la vérité, pourquoi ne pas souligner que, dans ce pays, les étrangers détiennent la majeure partie de l'économie ? Les Annexes ne sont que des faveurs aux immigrés. Or si, jusqu'en 1980, l'immigration a été centrée sur l'économie des plantations, depuis cette date elle s'est transformée en une "immigration de la misère". Aussi, est-elle devenue problématique.

En réalité, à Linas Marcoussis, ce qui a intéressé chacune des deux délégations, c'est l'éligibilité à la Présidence de la République. On dit faire la guerre aussi pour le respect des droits fondamentaux des immigrants, la sécurisation foncière, une meilleure protection des droits acquis aux héritiers des propriétaires des terres ne remplissant pas les conditions d'accès à la propriété fixée par l'art. 1 de la loi 98-78 du 23 décembre 1998. Enfin parachever ces actions, en obtenant la modification des conditions d'éligibilité à la présidence de la République: être âgé de 35 ans au moins, âge du plus jeune de la rébellion, être exclusivement de nationalité ivoirienne de père ou de mère ivoirien d'origine.

Car pendant que nous tergiversons American Fund For Peace[5], après avoir étudié la population, la démographie, le foncier, le chômage dans notre pays, a conclu que la Côte d'Ivoire est le 161ième des 175 pays les plus pauvres et l'un des pays les plus fragiles. Ce qui correspond aux résultats de la Commission nationale que j'ai présidée en 1989. Tous les pays de la sous région, en particulier, et de l'Afrique, en général, ont intérêt à ce que la Côte d'Ivoire retrouve une vraie paix durable et non une paix armée imposée. Depuis l'instabilité de notre pays, la pauvreté est devenue plus grande non seulement pour nous, mais aussi pour les pays voisins. La paix circonstancielle reviendra, mais pour combien de temps ?

La xénophobie et l'exclusion ne peuvent pas être les vraies causes de la guerre. Quant à l'ivoirité, ce n'est qu'un concept d'affirmation de l'identité nationale, un concept culturel de dépassement de l'appartenance ethnique, cela n'a jamais été un concept d'exclusion. Faire la guerre contre l'ivoirité, l'exclusion, la xénophobie n'est qu'un prétexte. Le diagnostic est erroné. Aussi, le médicament Linas Marcoussis, s'il n'est pas administré avec une certaine précaution, peut-il être mortel.

En effet, le problème crucial de l'attitude des "Révoltés" et des "Révolutionnaires" n'est pas abordé. Les "Révoltés" sont près de quatre millions neuf cent mille jeunes issus de notre système d'éducation, qui, dotés d'un savoir sans savoir-faire, réduits au chômage, protestent et manifestent. Les "Révolutionnaires", quant à eux, veulent prendre le fauteuil présidentiel par la violence des armes. Le cœur meurtri, nous constatons qu'aujourd'hui le soleil ivoirien éclaire de pareilles horreurs.

La Côte d'Ivoire a mis tout en œuvre pour rester fidèle à l'unité du continent symbolisée par l'idéal de la "Grande Patrie Africaine". Le Président Félix Houphouët-Boigny a ainsi associé les pays voisins à la réalisation de l'idéal de l'unité. Comment comprendre que ces mêmes pays utilisent le mercenariat pour tenter de détruire notre pays ? Doit-on en déduire que le succès ivoirien a suscité des jalousies? Alors qu'elle éprouve une grande joie à faire d'eux des heureux et que ces bienfaits lui donnaient droit à leur éternelle reconnaissance.

Que l'on sache que l'homme qui est ici devant vous, qui ne prend pas de position d'opportunité mais qui agit selon une constante, l'homme qui a toujours recherché dans ses rapports humains la conciliation, la réconciliation, le compromis honorable aujourd'hui dénommé la négociation, cet homme ne se départira jamais de cette ligne de conduite quelque soient les cris d'impatience des uns, la jalousie et les accusations gratuites des autres.

Depuis les difficultés économiques de 1980 et les problèmes sociopolitiques alarmants de 1999, la situation globale évolue à une rapidité fiévreuse. Le bien et le mal se confondent. Quelle attitude conseiller aux Ivoiriens? Il est urgent de réfléchir, de diagnostiquer le mal à la lumière des valeurs de l'Houphouëtisme qui nous donne un éclairage important sur la dignité ivoirienne et la nécessité de préserver la paix. Les leaders politiques doivent assumer leurs responsabilités en s'inspirant de l'Houphouëtisme. C'est une doctrine, un système et une méthode de règlement de conflits qui, en Côte d'Ivoire comme dans le monde, a fait ses preuves.

Félix Houphouët-Boigny a dit que ce serait son meilleur titre de gloire, le jour où il quitterait la politique, s'il pouvait dire en entrant dans son petit village: "Je n'ai jamais fait couler le sang d'autrui, je n'ai servi que l'amour, l'amitié et la fraternité. Je puis donc disparaître, le bon grain est semé. La Côte d'Ivoire sera toujours un pays pacifique et fraternel".

Nous demandons que tout malentendu soit réglé de façon pacifique par de libres négociations. Nous ne nous départirons jamais de cette politique. Nous appelons les hommes politiques à garantir à la jeunesse et aux générations futures une égale chance. En réalité, la situation que vit la Côte d'Ivoire est plutôt socioéconomique avec des répercussions politiques.

Chapitre septième

Le vrai problème ivoirien

"Si l'histoire nous enseigne qu'un pays peut parfois se développer sans richesses minières et sans terres abondantes et naturellement fertiles, elle ne nous a jamais révélé qu'un pays puisse le faire durablement et harmonieusement sans cadres et sans hommes de qualité" Félix Houphouët-Boigny, 16 Octobre 1975; "Il serait trop facile de ne chercher qu'en dehors de nos frontières l'explication de nos faiblesses, de nos retards ou de nos possibles recettes aux maux qui nous sont propres. Nous devons nous-mêmes prendre notre destin en main." Félix Houphouët-Boigny, 31 Décembre 1971

La démocratie s'identifie à un patrimoine historique de l'Afrique. Le consensus reste un des éléments essentiels de notre éducation qui aurait dû intervenir dès notre jeune âge. Mon objectif est de nous amener à nous ouvrir sur un univers plus vaste plutôt que de nous cantonner à nos intérêts personnels.

De 1978 à 1980, la Côte d'Ivoire connaît une situation socio-économique difficile. En 1978, la crise mondiale, provoquée par le 1er choc pétrolier de 1973, atteint la Côte d'Ivoire. Comme tous les pays d'Afrique, la Côte d'Ivoire recourt déjà à des emprunts qu'elle utilise comme fonds de roulement et peut rembourser. Mais, elle ne dispose déjà pas des devises nécessaires au paiement du service de la dette. Les besoins en devises continuant de croître rapidement, la Côte d'Ivoire se voit donc obligée d'emprunter davantage et est confrontée à un alourdissement considérable de sa dette. Malgré tout, la Côte d'Ivoire résiste encore. Le produit intérieur brut chute et le revenu par tête d'habitant aussi. La balance de transfert des capitaux (dividendes et salaires) est déficitaire. Mais grâce au secteur agricole, le taux de croissance se maintient à 9%. La vérité nous commande de reconnaître que les ressources accumulées par la Côte d'Ivoire étant immenses, elle parvient à résister au premier choc pétrolier.En 1980, la seconde crise mondiale due au second choc pétrolier frappe la Côte d'Ivoire de plein fouet et lui est fatal. Elle ne peut, alors, plus rembourser. La Côte d'Ivoire aurait dû bénéficier d'allègements de sa dette. L'environnement extérieur nous est très défavorable : inflation mondiale, hausse vertigineuse du dollar, hausse des taux d'intérêts mais surtout chute rapide et brutale des cours mondiaux du cacao de 45 %, du café de 41 %. Pendant ce temps, la hausse des prix des produits alimentaires importés est de 51 %, alors que la balance commerciale n'est excédentaire que de 6 milliards.

La Côte d'Ivoire subit un accroissement de sa dette extérieure qui s'élève à près de 3942 millions de dollars, 24,9 % du PIB. Le solde de la balance commerciale tombe de 545 milliards à 156 milliards, la balance des transferts et la balance des capitaux connaissent des soldes négatifs. De surcroît, ces emprunts importants augmentent le coût de la vie de 48 %. Acculée à l'insolvabilité, les institutions financières internationales lui imposent, alors, des ajustements structurels et le libéralisme. D'ailleurs, j'avoue mon scepticisme lorsque j'entends affirmer que les ajustements structurels mettent toutes choses en ordre. En tout cas, dans aucun de nos pays les objectifs n'ont été atteints. Et depuis 1990, le pays connaît une croissance en dents de scie (1990 + 4 %; 1993 -2,6 %; 1996 + 7%; 1999 -2%; 2000 -3,6%) et qui a même continué à chuter pour tomber à -2,6% en 2001–2002.

En 1989, je suis désigné par le Président Félix Houphouët-Boigny à la tête de la Commission de synthèse des journées de dialogue pour trouver une solution à la crise. Après analyse des causes et des difficultés de la crise, nous faisons des propositions sur les thèmes suivants: 1) fiscalité et coûts des facteurs; 2) agriculture, agro-industrie et transformation (avec, pour le cacao, la création de cinq usines par de jeunes cadres ivoiriens); 3) commerce, PME, formation et emploi des jeunes; 4) éducation nationale et recherche scientifique; 5) santé; 6) commercialisation et immigration; 7) communications et information. Les études terminées, Alassane Dramane Ouattara est nommé

Président du Comité interministériel. Dès son arrivée à Abidjan, d'un air condescendant, haussant les épaules, il déclare:

"Le plan Usher n'est pas un plan. Je me donne 100 jours pour résoudre le problème", avec l'assurance que personne ne peut faire mieux que lui. Hélas, les objectifs n'étant pas atteints, la situation empire. En 1990, la croissance continue de chuter pour atteindre -2,6%. La Côte d'Ivoire s'enfonce alors dans le marasme, avec trois mois de salaires impayés, reflétant l'incapacité des actes posés à relever le défi de la vie sociale. J'ai gardé longtemps pour moi mes craintes et mes dégoûts. Rien n'a changé. Tout a empiré à un point tel que la Côte d'Ivoire maintenant a deux croix: l'instabilité économique et l'instabilité politique. Personne n'a protesté et pourtant la Commission Nationale de Synthèse que j'ai présidée était composée de tous les cadres ivoiriens et de 24 groupes socioprofessionnels. Je me suis tu:est-ce par naïveté ou par complicité ? Non, c'est seulement par respect pour le Président Félix Houphouët-Boigny. Mais Alassane Dramane Ouattara a-t-il su que si je n'ai point voulu le choquer, ce n'est pas l'envie qui m'en a manquée?

Déjà en 1989, je signale l'approfondissement du fossé entre les pays riches et les pays pauvres que nous sommes et le lourd handicap que constitue la détérioration des termes de l'échange, tout ceci traduit l'injustice des relations économiques internationales. En conclusion, nous sommes engagés sur une trajectoire conduisant inéluctablement à la collision survie-suicide.

La baisse des coûts des matières premières, la détérioration des termes de l'échange sont certes des causes de la crise mais beaucoup plus des détonateurs. L'inflation qui en résulte signifie que quelque chose ne va pas. La crise est née de la non compétitivité de la production ivoirienne, de l'organisation de son économie, des structures des coûts de production, des choix des importations, des coûts des capitaux. La cause de cette situation de crise est donc plus profonde.
Le 11 Janvier 1994, la dévaluation vient s'ajouter aux difficultés et contribue à la paupérisation de la population. Heureusement, l'inflation a été maîtrisée à 32,5%, elle subira une baisse de 0,5% par mois pour être ramenée à 4,5%. L'opinion internationale reconnaît que la Côte d'Ivoire est le pays ayant le mieux géré la dévaluation. A partir de 1994 la récession est arrêtée. Tous les actes posés amorcent une reprise progressive de l'activité économique. Et la Côte d'Ivoire renoue avec la

croissance pour atteindre +7% en 1995. Le déficit public passe de 12% du PIB en 1993 à 2% en 1997 avec un taux d'investissement qui, de 7,8% en 1993, passe à 15,6% en 1997. Tandis que les exportations qui ont marqué un net ralentissement de 6% entre 1985 et 1993 progressent en valeur à 70% en moyenne entre 1993 et1995. Au plan social, le PIB par tête d'habitant passe de 224.000 FCFA en 1993 à 372.000 FCFA en 1996. Les dépenses publiques de santé de 64 milliards en 1994 atteignent 82 milliards en 1996. Le taux de scolarisation progresse jusqu'à 73% en 1997. L'agriculture se développe mais surtout dans le domaine de l'agriculture d'exportation: le café dépasse en 1997 les 310.000 tonnes, le cacao se situe à plus 1.000.000 de tonnes tandis que la production vivrière et l'élevage ne se situent qu'à 1,2% en 1994, 3,5% en 1995, 4% en 1997. Le taux de croissance de -2,6% en 1993 passe à 7,4% en 1997. Alors que tout le monde pense que le deuxième miracle ivoirien s'annonce et s'attend à une croissance de 11% en l'an 2000, la Côte d'Ivoire chute à nouveau à 4,5% en 1998.

Hélas, la situation de crise perdure comme en témoignent les taux de croissance: 1999 -2%, 2000 -3%, 2001-2002 -2,6%.

Les raisons sont nombreuses, à savoir notamment, l'insuffisance des transferts, la chute vertigineuse des recettes d'exportation des produits de base et l'évolution défavorable des termes de l'échange. Ainsi chacun peut-il constater que malgré les efforts appréciables du gouvernement, les signes de la relance ne sont pas encore perceptibles. La situation en Côte d'Ivoire s'est aggravée non seulement du fait des effets des chocs pétroliers mais aussi parce qu'elle exporte des matières premières non transformées. Elle reste, par conséquent, à la merci du marché mondial. Tout se joue loin de nous, de l'inflation mondiale à la chute rapide et brutale des cours mondiaux des matières premières. La Côte d'Ivoire perd près de 700 milliards par an et est victime d'une balance des transferts négative de 900 milliards dont 750 milliards de capitaux, dividendes et 150 milliards de salaires; en réalité la perte est de 1450 milliards. Et les emprunts, au lieu de contribuer au développement, se transforment en un mécanisme à effet contraire. Les efforts de développement accomplis deux décennies durant sont annulés.

Houphouëtistes! Nous avons toujours su qu'on ne peut pas prétendre à une réelle construction nationale si un climat de paix sociale ne préside pas à nos activités.

Les difficultés de notre pays nous obligent à reconsidérer nos actions, nos manières de penser, nos principes moraux. Car la recherche de solution n'a jamais été étrangère aux traditions culturelles, aux institutions et aux structures socio-éducatives en Afrique.

La situation actuelle fait ressortir des problèmes sociaux. Une vision neuve s'impose. Se développer, c'est avoir conscience de ses limites, sans cesse de vouloir les reculer, savoir et vouloir choisir, savoir s'arrêter pour juger et décider.

Nous avons offert à l'Afrique et au monde une image de confort social et de confiance. Malheureusement, nous n'avons pas évité les dangers des complaisances faciles. Lucidité et courage nous ont manqué dans nos analyses et nous ne nous sommes pas interrogés sur nos fragilités économiques. Il a fallu les dernières secousses économiques entraînées par la baisse des prix du cacao et du café pour nous apercevoir que nous restons dangereusement exposés aux frontières extérieures.

Que pouvons-nous faire avec des appuis financiers dont la portée sociale s'avère insignifiante et qui offrent sur le plan de l'emploi des perspectives particulièrement sombres? Pour obtenir des effets positifs internes de croissance et d'équilibre financier, il faut restaurer les conditions d'une plus grande autosuffisance financière. Tant que nos jeunes ne seront pas techniquement formés pour que nous puissions transformer sur place tout ou partie de nos matières premières, sachons que ce n'est pas par un verbalisme belliqueux aux conséquences désastreuses que nous réussirons à résoudre le problème de la Côte d'Ivoire.

C'est par une action réfléchie, menée avec sérénité et réalisme qu'on servira la dignité, la fierté et l'intérêt bien compris de la Côte d'Ivoire.

Je me dois de rétablir la vérité en précisant les quatre vrais problèmes à résoudre pour que la Côte d'Ivoire connaisse un réel développement. Les vrais problèmes ivoiriens sont résumés dans l'étude présentée par la Commission nationale de synthèse des journées du dialogue que j'ai présidée en 1989 au début de la crise:

- La Côte d'Ivoire produit ce qu'elle ne consomme pas et consomme ce qu'elle ne produit pas.

- Les Ivoiriens ne maîtrisent pas assez la production des richesses de leur pays.

- La Côte d'Ivoire n'a pas de ressources financières internes, elle recourt aux emprunts extérieurs comme fonds de roulement; les Ivoiriens n'épargnent pas.

- Le système éducatif forme au savoir mais sans le savoir faire, les jeunes s'enfoncent dans le chômage.

La Côte d'Ivoire produit ce qu'elle ne consomme pas et consomme ce qu'elle ne produit pas.

Elle demeure ainsi satellite des intérêts étrangers. Le vrai problème réside dans notre choix d'un modèle de croissance basé exclusivement sur l'agriculture d'exportation au détriment de l'agriculture vivrière.

- Les prix de nos matières premières du fait de leur non transformation en produits semi-finis ou finis sont fixés par l'étranger qui fait jouer à son profit le principe de l'offre et de la demande.

- Pour les produits alimentaires de grosse consommation tels les céréales (riz, blé, maïs, mil, sorgho) et les protéines (viande, poisson, lait) nous dépendons de l'étranger. Et nous nous retrouvons à devoir combler le déficit en céréales et en protéines par des importations coûteuses. Par ailleurs, nous consommons 350.000 tonnes de poissons coûtant près de 75 milliards. Sur les 100.000 tonnes produites localement, 70.000 tonnes le sont par des allogènes, 30.000 tonnes seulement par des Ivoiriens.

- 65 % du secteur primaire est dans les mains des étrangers.

Comment la Côte d'Ivoire, dotée de si nombreuses potentialités agricoles, en arrive-t-elle à importer une part croissante de produits alimentaires pour satisfaire ses besoins nutritifs, et oriente-t-elle l'activité de ses paysans vers cette culture de rente, qui participe à plus de 60 % de notre budget national, pour financer les importations de produits vivriers dans ce contexte de devises rares? Cette aberration a empêché le décollage de notre pays.

Le Président Félix Houphouët-Boigny, le père de la Nation ivoirienne, dès notre indépendance a opté pour le libéralisme mais un libéralisme qui n'écarte pas l'Etat, personne morale, parce que le développement devait couvrir une politique sociale hardie[1].

A l'Indépendance, il faut éveiller la population, éclairer la masse pour qu'elle puisse participer à l'activité économique. Et entre 1960 et 1978, le Président met en place des structures de développement au niveau des capitaux et des structures de formation. L'intervention de l'Etat est une évidente nécessité. Au plan économique, les seuls agents sont pour la plupart des étrangers et souvent des Européens, les jeunes Ivoiriens, à ce niveau, n'existant presque pas encore. L'Etat est le citoyen le plus riche. Il s'associe aux initiatives privées pour créer des entreprises industrielles. Il est donc le principal agent de développement, agissant en lieu et place des agents économiques ivoiriens. Et parce que le Gouvernement choisit le libéralisme, il opte pour le capitalisme d'Etat. L'Etat intervient, comme catalyseur dans un rôle transitoire d'entraînement, pour les Ivoiriens, préparant l'avènement d'un capitalisme libéral et national. En attendant, les moyens de production sont propriétés de l'Etat.

Afin de diversifier les cultures, afin d'éviter les cacophonies naturelles et les effets négatifs des spéculations, l'Etat met en place des Sociétés d'Etat dans le secteur primaire pour agir dans quatre domaines, production, encadrement, transformation, commercialisation:

- SODEPALM, PALMIVOIRE (1963): culture industrielle de palmiers avec assistance aux paysans, production et commercialisation

- SODEFEL (1968): fruits et légumes

- SODERIZ (1970) développement de la riziculture

- SODESUCRE (1977): plantations de canne à sucre et production de sucre

- SODEPRA: développement de la production animale

- SAPH: création de plantations d'hévéas

Ce capitalisme d'Etat n'est pas une fin. Ce n'est qu'une étape dans le processus du développement économique devant déboucher sur un capitalisme de masse.

La Côte d'Ivoire doit mettre en place un code de stratégie pour mener la bataille dont l'enjeu n'est rien moins que la vraie paix, car non seulement l'homme qui a faim n'est pas un homme libre, mais le développement est conditionné par la paix permanente.

Pour parvenir à une paix permanente, nous devons pourvoir au développement économique en fonction des besoins de l'Homme ivoirien, c'est-à-dire parvenir à l'autosuffisance alimentaire et donc donner la priorité à l'agriculture vivrière.

Nous devons mener une politique globale de développement du pays pour tous les Ivoiriens et avec eux et nous orienter vers la transformation des matières premières en produits finis.

Notre économie doit produire, financer, employer, assurer un marché. Dans ce but, les productions sont réorientées sur deux axes, un axe agricole et un axe financier.

L'axe agricole

La Côte d'Ivoire est une terre où tout pousse merveilleusement. Nous avons besoin de diversifier notre agriculture en donnant une importance égale aux cultures d'exportation et aux cultures vivrières. La production vivrière doit être pondérée par des projets gouvernementaux d'autosuffisance alimentaire. Le développement d'une industrie légère des produits agro-alimentaires est d'une nécessaire complémentarité.

Le développement de l'agriculture de subsistance est la solution contre la précarité alimentaire dans notre pays. La production vivrière nationale rencontre les plus grandes difficultés à croître à un rythme compatible avec l'augmentation très élevée de la population, d'une part, et à s'adapter à la modification du modèle de consommation, d'autre part. Les céréales locales (mil, maïs, sorgho) représentent moins de 10% de la consommation alors que le riz en représente plus de 50%. L'intensification de l'agriculture ivoirienne est très faible en ce qui concerne les vivriers. Tout est concentré sur l'agriculture de rente, mais l'utilisation des intrants industriels ne répond pas toujours aux espérances. En même temps que nous cherchons à modifier le système, il faut faire profiter tous les ruraux de l'encadrement agricole et de l'accès aux intrants grâce à un système de financement et d'approvisionnement. Le développement de la production agricole vivrière, de l'élevage contribuera à importer le moins possible et même à ne pas importer du tout de denrées alimentaires. La pratique de la pêche grâce à la pisciculture permettra de produire les 350 000 tonnes de poisson que nous consommons et le surplus voué à l'exportation est même envisageable.

Dans le même temps nous devrons obtenir une augmentation des cultures de rente: cacao, café, hévéa, banane, ananas, noix de cajou. Nous pourrons procéder à la diversification et à l'accroissement des produits susceptibles d'être transformés sur place en produits semi-finis ou finis, en particulier le cacao, le coton, la canne à sucre, le bambou pour la fabrication de la pâte à papier, le palmier à huile, le cocotier. Ainsi, la transformation industrielle en produits semi-finis ou finis accroit la valeur ajoutée et fournit des devises pour l'acquisition des machines.

Toutefois, identifions clairement les obstacles au développement. La solution du problème de la Côte d'Ivoire exige que l'on reconnaisse à la question démographique ses dimensions véritables. Nous avons besoin d'équilibre entre la croissance économique et la croissance démographique. Abordons donc le problème de l'accroissement de la population avec réalisme et franchise, car nous l'avons jusqu'ici abordée avec réticence et circonspection. Or si nous ne parvenons pas à contenir ce fort accroissement démographique, il faut craindre l'explosion qui ne prendra qu'un sens de catastrophe avec son cortège de violences. Ainsi de 1960 à 2002, la Côte d'Ivoire a accompli d'énormes progrès mais avec un handicap certain, son accroissement démographique atteignant 3,8 %, l'un des plus importants au monde.

Dans le monde en développement, c'est des ressources agricoles que la grande masse tire et devrait tirer sa subsistance. Or, en Côte d'Ivoire, l'emploi en milieu rural n'absorbe pas les disponibilités offertes par la démographie et l'immigration. L'attraction des villes sur les chômeurs ruraux est sans cesse plus forte. Il nous faudra mobiliser nos jeunes des villages car l'agriculture est la première pourvoyeuse d'emplois, 63,4 % du total des emplois. Le secteur tertiaire n'offre que 32,8 % et le secteur secondaire 3,8 % et est largement animé par les étrangers. L'ivoirité n'enlève rien à personne.

De plus, le développement industriel pourra fournir des emplois, mais il est alors nécessaire que nos pays en développement participent au commerce mondial, en cessant d'en être de simples satellites.

L'axe financier

La création d'une structure d'épargne permettra une concentration des capacités financières. Et cette maîtrise dérivée d'institutions appropriées (fiscalité, caisse de stabilisation, marges financières) produira des moyens de financer des investissements productifs, des infrastructures permettant d'assurer une création d'emplois suffisante susceptible de suivre le rythme du marché des demandes d'emplois. En effet, le monde rural peut être en mesure de créer un nombre important d'emplois avec des débouchés agricoles assurés, des prix rémunérateurs, un approvisionnement régulier, le désenclavement, l'électrification, en un mot toute prospérité agricole.

Les Ivoiriens ne maitrisent pas, ne contribuent pas assez à la richesse de leur pays

Le développement naît du primaire, du secondaire, du tertiaire or les Ivoiriens ne maîtrisent pas ces facteurs et ne contribuent donc pas assez à la création des richesses de la Côte d'Ivoire. La cause de la crise tient au rôle prépondérant joué par l'étranger dans notre économie. Le succès de la Côte d'Ivoire dépend de l'agriculture. Malheureusement, déjà à ce niveau, nous sommes soumis à la détérioration des termes de l'échange international, à l'importation onéreuse de produits d'alimentation et à l'emploi d'une main d'œuvre agricole majoritairement étrangère. Aujourd'hui, l'industrie n'est pas une pierre solide de l'économie. Elle travaille pour l'exportation et s'intéresse peu à la consommation intérieure. Les entreprises sont étrangères et sont dirigées par des étrangers.

Parce que nous encourageons les investissements étrangers dans notre économie, nous souffrons d'importantes ponctions financières transférées à l'étranger sous formes de bénéfices divers et de salaires. Ces transferts hors du pays sont beaucoup plus importants depuis les libéralisations et privatisations nées des conditionnalités imposées par les bailleurs de fonds. On remarque l'inexistence quasi-totale de l'initiative privée purement ivoirienne. C'est une carence sérieuse qu'il convient de corriger au plus tôt car nous rejetons définitivement l'idée de ne faire de l'Ivoirien qu'un simple témoin de l'activité économique et sociale de son pays. Déjà, le Président Félix Houphouët-Boigny disait le 7 août 1976: "J'invite le secteur privé à comprendre cette volonté légitime d'ivoirisation et à céder à ivoiriser. Le plus tôt sera le mieux dans l'intérêt bien compris de tous".

Les exigences de Linas Marcoussis ayant trait à la condition des étrangers, à la protection de leurs biens et de leur personne, ne sont pas justifiées et ne sont pas nécessaires. On fera remarquer qu'en Côte d'Ivoire il n'existe aucune discrimination entre Ivoiriens et non Ivoiriens. Tous les résidents en Côte d'Ivoire ont intérêt à ce qu'une solution soit trouvée d'autant plus que le système actuel ne conduit pas au développement car il s'exerce selon la tradition sans moyens scientifiques ni technologiques.

Pendant ce temps, tous les jeunes Ivoiriens, avec le savoir mais sans le savoir-faire, s'enfoncent dans le chômage. Or c'est le vrai problème: ces jeunes de moins de 35 ans représentent 80% de la population, mais 70% de cette population (4 à 5 millions) sont plongés dans le chômage. Ils veulent du travail et sont révoltés. Le chômage massif de ces jeunes, qui auraient dû être les agents et les bénéficiaires du développement, n'est-il pas la preuve d'un mal développement? Il appartient à l'Ivoirien d'assumer la mise en valeur des richesses naturelles du pays, d'assumer la transformation des produits de base. Evidement cette ivoirisation est liée à l'appareil de formation.

La crise a mis à nu l'inadéquation quantitative et qualitative entre l'emploi et la formation. Dans le domaine de la formation, les filières et les effectifs ne sont pas en rapport avec les besoins. Ils ne sont pas adaptés à la réalité de l'emploi autant dans les secteurs porteurs que dans l'auto emploi. Les conséquences sont que les étrangers contrôlent les rouages de l'économie ivoirienne[2] en occupant 65% du primaire, 80% du secondaire, 78% du tertiaire. Or, ce qui est difficile à admettre par certains, c'est que le développement ne saurait s'entendre uniquement sous sa dimension économique. Il couvre tout aussi bien l'aspect politique, social que culturel. Il n'y a donc rien d'étonnant à faire de l'immigration une donnée du développement dans la situation sociopolitique d'aujourd'hui.

L'organisation de l'immigration est une nécessité. Elle ne fait pas obstacle à l'intégration, bien au contraire. Si l'immigration n'est pas contrôlée, en l'an 2025 les non Ivoiriens seront plus nombreux que les Ivoiriens, et la Côte d'Ivoire sera introduite dans une spirale de violence. Aujourd'hui, sur 630.000 salariés 40% seulement sont ivoiriens.

Alors dans l'intérêt de tous les résidents, et pour l'indispensable paix permanente, ne serait-il pas fondé que la Côte d'Ivoire, poumon de tous les pays environnants, s'arme d'une certaine défense pacifique contre l'envahissement? L'ivoirisation est impérative. Elle englobe à la fois le personnel, l'encadrement et le capital de l'entreprise. Malheureusement, la privatisation et la libéralisation précipitées et imposées par les bailleurs de fonds dans le cadre des ajustements structurels achèvent la confiscation de l'économie ivoirienne entre les mains des étrangers et conduisent les Ivoiriens à la paupérisation.Ainsi, comme nous l'apprend l'Houphouëtisme, cette indépendance politique sans contenu économique réel reste fragile. American Fund for Peace, après une étude de la population, de la démographie, du foncier et du chômage des jeunes, conclut que la Côte d'Ivoire est aujourd'hui le 161ème des 175 pays les plus pauvres, un des pays les plus fragiles, le plus instable. Et pendant ce temps, on pérore ou bien on fait silence alors que cette étude est publiée au moment même où nous parlons de guerre et, on dit "guerre contre la xénophobie, guerre contre l`exclusion, guerre contre l`ivoirité". Attitude et paroles officialisées, ratifiées par les solutions de Linas Marcoussis, table ronde tenue sous la Présidence de la France, puis soumises au Conseil de Sécurité qui les entérine et exige, en vertu du chapitre VII de la Charte, son application. Mais enfin! C'est d'indépendance économique dont nous avons besoin!

Il nous faut trouver les voies les plus sûres, les plus rapides pour résoudre ce sérieux problème. C'est possible, les potentialités matérielles et humaines existent. La Côte d'Ivoire doit être faite par les Ivoiriens! Le vrai développement est endogène. Pourtant les Ivoiriens ne contribuent pas assez à la création des richesses de la Côte d'Ivoire. C'est aux Ivoiriens à inventer, à découvrir, à redresser l'économie pour qu'elle n'ait plus les caractéristiques d'une économie sous développée et que son développement ne soit pas un mal développement.

La Côte d'Ivoire n'a pas de ressources financières internes, elle recourt aux emprunts extérieurs comme fonds de roulement; les Ivoiriens n'épargnent pas.

La Côte d'Ivoire a progressé. Considérant le résultat obtenu de 1960 à 1978, le bilan est satisfaisant. De 1978 à 1989, elle est victime du choc pétrolier. Il n'en est pas moins vrai que la Côte d'Ivoire oppose une résistance à la crise. Mais un fait parait la freiner. Les nantis ont décidé de résoudre leurs problèmes à eux aux dépens des Etats en développement provoquant la folle et extravagante détérioration des termes de l'échange. On parle de la loi du marché mais elle n'est valable qu'entre pays d'égal développement. Un même partenaire fixe, à la fois, le prix des marchandises que vous importez de chez lui, et celui de vos matières premières avec lesquelles il fabrique ces marchandises qui vous reviennent très chers. Tant qu'il continue à faire payer cher les produits finis parce que vous n'avez pas suffisamment de cadres, il n'y a pas de solution. Et c'est tout cela qui, jusqu'ici, bouleverse profondément les efforts au redressement de l'économie ivoirienne.

Nul doute que la Côte d'Ivoire aurait dû trouver ses racines dans la politique d'industrialisation commencée dès son indépendance en 1960. Malheureusement la solution de l'assistance technique et le prétendu transfert de technologie ont contribué à affaiblir la capacité du pays et le capitalisme industriel s'est transformé en capitalisme financier.

Le crédit était une avance de ressources correspondant à ce que le pays pouvait dégager de ses propres capitaux et main-d'œuvre correspondant à des fonds de roulement pour remédier à des problèmes passagers. Ce n'était point un transfert permanent de ressources, et cela vers la fin 1960 et le début 1970 avant le premier choc pétrolier. Alors que les pays les plus pauvres restaient tributaires des concours bilatéraux publics, la Côte d'Ivoire étaient l'un des quatre pays avec le Cameroun, le Gabon et le Congo Brazzaville à obtenir des crédits extérieurs qui finirent par provoquer un endettement très rapide.

L'endettement extérieur est une amère expérience. La France nous prête! le Fond Monétaire International nous prête! la Banque Mondiale nous prête! Si tant est qu'emprunter soit un résultat, à quel effet aboutit l'emprunt lorsqu'il sert à payer les intérêts de la dette au prêteur? Le remboursement est un obstacle majeur au développement et appauvrit l'Ivoirien. La dette est si lourde qu'elle absorbe 60% du revenu national. Les seuls intérêts amputent 24% des recettes d'exportation. Alors, la Côte d'Ivoire adopte des structures dramatiques qui masquent l'image de cette société de paix qu'elle a été jusqu'ici. Les ajustements structurels imposés, qui aboutissent à la privatisation au profit des étrangers, mettent en cause la paix sociale. Les conditions auxquelles nous empruntons de l'argent aux bailleurs de fonds sont les suivantes :

- Accélérer des mesures visant à renforcer le recouvrement des recettes fiscales et douanières

- Elargir l'assiette de l'impôt, réduire les exemptions

- Baisser le niveau courant des salaires qui absorbent près de la moitié des recettes budgétaires

- Diminuer le recrutement au niveau de la fonction publique

- Accélérer la mise en place des cadres de la privatisation et ne pas remettre en cause la libéralisation de la filière cacao-café

Les prêts que nous recevons ne sont pas investis dans de la production exportable, malgré l'effort d'assainissement entrepris, le pays demeure financièrement non fiable. Les emprunts dans de telles conditions ne peuvent pas servir une économie viable. La précarité de notre situation persiste Il faut que la Côte d'Ivoire se passe de l'assistance et de l'aumône des pays développés. En effet, si nous nous contentons des ajustements structurels et des conditionnalités que nous imposent les bailleurs de fonds, la Côte d'Ivoire sombrera dans les ténèbres. Il est nécessaire et indispensable de distinguer ce qui dépend de nous de ce qui ne dépend pas de nous. Aussi, pouvons-nous agir indirectement sur les prix à travers l'offre et la demande, par rétention, par semi transformation ou transformation de nos produits.

Heureusement, la Côte d'Ivoire possède des potentialités qui lui permettent de résister à toutes les épreuves dans un cadre de paix. Déjà, lors des séances de travail de la Commission de synthèse du 21 au 25 Septembre 1989, de jeunes cadres ivoiriens experts en la matière déposent un projet de création de cinq réserves de jachère de 1200 hectares pouvant traiter la moitié de la production vivrière. Cette concertation des cadres propose des solutions en affirmant certaines vérités qui sont autant de raisons justifiant leur optimisme. Oui! La Côte d'Ivoire recèle d'énormes potentialités financières et humaines. Les atouts internes, les richesses à découvrir sont immenses et permettraient de redresser la situation. Et nous devons en faire bon usage avant de nous tourner vers l'extérieur. Il est impossible d'atteindre et de maintenir un taux de croissance valable sans la réduction de la dette. Il est évident que la Côte d'Ivoire n'obtiendra pas d'effets positifs internes de croissance et d'équilibre financier si elle n'instaure pas les conditions d'une plus grande autosuffisance financière. Hélas, malgré ses riches potentialités, la Côte d'Ivoire ne dispose pas de ressources financières internes.

"On ne doit pas attendre d'être riche pour épargner et investir. L'épargne doit être la première habitude de l'Ivoirien qu'il soit salarié ou travailleur indépendant. Si l'Ivoirien veut participer à la mise en valeur rationnelle de son pays, il doit rapidement prendre conscience de la nécessité d'épargner" Félix Houphouët-Boigny, 7 Novembre 1992.

Alors que dans nos traditions l'épargne familiale existait, dans la Côte d'Ivoire moderne l'Ivoirien n'épargne pas. Son salaire est entièrement consommé: 50 à 60 % par l'alimentation, 7,8 % à 11,4 % par l'habitat, 9 à 10 % par l'énergie et 0,7 à 0,8 % par la santé. Il vit au jour le jour et la précarité d'une telle situation menace constamment sa propre survie et celle de sa famille. On ne doit pas attendre d'être riche pour épargner et investir. Le 31 décembre 1971, Félix Houphouët-Boigny regrette notre manque de goût pour l'épargne et dit: "S'il veut participer à la mise en valeur rationnelle de notre pays, [l'Ivoirien] doit rapidement prendre conscience de la nécessité de l'épargne et cesser de vivre au dessus de ses propres moyens".L'Etat, dans l'intérêt d'un développement rationnel, devrait imposer une épargne de 5 à 10% des salaires mensuels, des ressources annuelles des paysans, des revenus de l'informel et des revenus des professions libérales de tous les résidents en Côte-d'Ivoire. Cette épargne sera une impressionnante machine financière[3], un puissant moteur de relance et de développement socio-économique. Chaque Ivoirien reste propriétaire de son dépôt et de ses intérêts. Il peut en disposer en cas de retraite pour motif de vieillesse ou d'invalidité permanente, en cas de décès, en cas de dissolution du contrat de travail, en cas de cessation de l'activité de l'employeur, en cas de renvoi ou de démission. Le dépôt peut servir de dépôt de cautionnement pour recréer une nouvelle activité à son compte ou entrer dans le capital d'une société. Le système permettra de résoudre les problèmes du chômage (y compris celui des jeunes), de créer une sécurité sociale capable de couvrir les soins médicaux de l'ensemble de la population grâce à la mise en place de différentes banques: Banque Centrale des Médecins et Pharmaciens, Banque Centrale des Paysans et Agriculteurs, Banque Centrale de Commerce et d'Industrie, Banque de l'Habitat.

Occupons-nous de la Côte d'Ivoire. La Côte d'Ivoire n'est pas perdue. Nous pouvons nous en sortir. La Côte d'Ivoire est capable de prendre en main son développement et de rattraper le retard tant technique que technologique. Le pays doit faire appel à la créativité, à l'intelligence, à la force de travail de ses fils et filles. Et dans ce domaine, c'est le Japon qui peut être pour nous un partenaire de choix. Retenons qu'il n'y a pas de projet social viable sans un socle économique solide, fruit de ses propres enfants.

Puissions-nous enfin dessiller les yeux pour voir la vérité et sauver définitivement la Côte d'Ivoire: l'avenir se conjugue au présent. Nous le pouvons et il y va de l'intérêt de tous les résidents ivoiriens et non ivoiriens et même de l'Afrique.

Le système éducatif forme au savoir mais sans le savoir faire, les jeunes s'enfoncent dans le chômage.

"Reconnaissons que jusqu'ici tant au niveau de l'université que de l'enseignement primaire et secondaire qu'ils soient techniques ou généraux, les objectifs, les programmes, les méthodes, les mentalités ne tendent guère à faire de l'éducation un moteur de développement et, des cadres diplômés, les hommes responsables dont nous avons besoin." Félix Houphouët-Boigny, 16 octobre 1975.

Nous sommes, en Côte d'Ivoire, nés dans le multipartisme. Mais le 6 Octobre 1956 le Président Félix Houphouët-Boigny, le premier combattant de la liberté a lancé à tous un appel au calme et à l'union pour l'édification d'une Côte d'Ivoire riche et prospère: "Demeurez si vous voulez dans vos nouveaux partis. Nous ne refuserons certes pas ceux qui voudront nous rejoindre. Mais ce qui compte le plus à nos yeux, c'est l'union de tous les hommes de bonne volonté, par dessus nos partis politiques et dans l'intérêt supérieur de la Côte d'Ivoire."Notre système de croissance est basé sur une agriculture d'exportation et sur une consommation de biens importés. Les entreprises internes sont étrangères, non intégrées, et ne transforment que des matières premières importées avec, au surplus, un encadrement étranger qui provoque de très importants transferts (salaires, capitaux, dividendes et intérêts). Quarante années durant, la Côte d'Ivoire n'a pas modifié cette situation et pourtant le Président Houphouët-Boigny nous met en garde: "Tant que nos jeunes ne seront pas techniquement formés pour que nous puissions transformer sur place tout ou partie de nos matières premières, tant que nous nous bornerons à dire à ces hommes qui vivent précisément de cette détérioration et qui continuent à pratiquer cette spéculation, que si cette situation se poursuit, si cet état d'esprit demeure, nous ne pourrons pas, nous autres, avancer, nous ne ferons qu'amuser la galerie".

La croissance qui résulte de notre système économique n'a pas d'incidence sur l'emploi qui ne s'est accru que de 6,5% par an en moyenne pour l'ensemble du secteur secondaire et du secteur tertiaire. Depuis 1980, la création d'emplois, du fait du réajustement structurel imposé par les organisations financières, va diminuant. Elle est tombée à 5,8 % pour la période de 1975-1980 et à 3,1 % pour celle de 1980-1985.Dans la situation actuelle du développement de la Côte d'Ivoire, les principales sources d'emplois sont le secteur primaire (agriculture) qui offre 62,4% des emplois, le secteur secondaire (industrie) 3,8 % des emplois et le secteur tertiaire (commerce, distribution, services) 32,8%.En 1946, la Côte d'Ivoire ne compte que 3 universitaires: 2 juristes, Alphonse Boni et Kouamé Benzem, 1 ingénieur, Alcide Kacou, et il n'existe pas encore d'enseignement secondaire. Le Président Félix Houphouët-Boigny décide alors d'envoyer les premiers Ivoiriens dans des lycées en France. Ce sont ceux qu'on appelle " les Aventuriers"[4]. En 1960, le pays compte 70 cadres universitaires.

En 1972, sur 230.000 personnes employées dans le secteur moderne (secondaire), 127.000 sont dans le secteur privé, 53.000 dans le semi-public, 49.000 dans le public. Mais on ne compte que 6,3 % de cadres et techniciens, 4,5 % de cadres de maîtrise, 17,3 % de qualifiés, les non qualifiés comptant pour 71,9%. Sur ces 230.000 salariés, on ne compte que 40% d'Ivoiriens, 55% de non Ivoiriens et 5% de non Africains. Ces 5 % sont européens et représentent à eux seuls 52% des cadres supérieurs et techniciens et plus de 34 % des cadres de maîtrise, 20% seulement sont ivoiriens. Les non Ivoiriens sont majoritaires dans l'agriculture, l'industrie, le commerce, la distribution et les services.

Entre 1972 et 1976, sur 54.450 demandes d'emploi à l'OMOCI (Office de la Main d'Œuvre de Côte d'Ivoire), 78,8% sont des jeunes de 16 à 25 ans et seuls 17,2% sont placés. Par ailleurs, 4% seulement sont qualifiés, 18% spécialisés et 78% n'ont aucune qualification. Le nombre de chômeurs est de 688.000 en 1985 contre 107.000 en 1980 avec un taux de chômage qui passe de 2,9 % à 14 %. Le chômage est le mal principal dont souffre la Côte d'Ivoire. En 2002, combien sont-ils au chômage ?

Et le 16 Octobre 1976 le Président Félix Houphouët-Boigny avertit: "Les objectifs, les programmes, les méthodes et les mentalités ne tendent guère à faire de l'éducation un moteur de développement et des cadres diplômés les hommes responsables dont nous avons besoin".

Le système éducatif français que nous avons transposé suffit à éclairer la situation que nous vivons. Ce système est fondé pour former des gens d'église. Les enseignements scolaires ivoiriens s'adaptent au courant de pensée qui convient aux théologiens: savoir pour comprendre et croire, mais sans savoir-faire. Nul ne s'est soucié de découvrir le savoir-faire. Ce qui explique le chômage massif des jeunes Ivoiriens presque tous scolarisés face à des immigrés qui ont la main mise sur l'économie. Aujourd'hui, les jeunes issus de ce système d'éducation ne sont pas instruits mais conditionnés. Ils veulent être instruits au lieu d'apprendre à programmer, à créer.

Le système éducatif aggrave d'autant plus le phénomène du chômage qu'il s'est développé en marge de la croissance économique plutôt qu'il n'y a contribué. Il ne favorise que la solution bureaucratique, sans former les vrais animateurs de l'économie. Il ne répond pas aux besoins de nos champs pour la production, de nos usines pour la transformation, de nos boutiques et marchés pour la distribution, de nos bureaux pour les services. Il ne forme pas les cinq agents du développement (artisan, producteur, transformateur, distributeur, prestataire de services). Déjà en 1972, le Président Félix Houphouët-Boigny m'avait demandé d'étudier l'inadaptation de notre système d'éducation, d'où l'étude pour la Réforme 1977 de l'enseignement. La Côte d'Ivoire possède de la matière grise malheureusement non ou mal utilisée.

La corrélation entre les besoins de l'économie et la formation est mauvaise. L'éducation est à l'origine du déséquilibre structurel entre les possibilités et l'espérance en matière d'emploi. Si cela demeure, on ne pourra pas considérer l'avenir avec confiance.

En 1985 la première victime est notre jeunesse dont 47,4 % sont analphabètes, 34,4 % ont un niveau primaire, 7,8 % un niveau secondaire, 2,4 % un niveau supérieur et 52,8 % sont âgés de moins de 20 ans. L'éducation, du primaire au supérieur, jette sur le marché des milliers de garçons et filles gravement inadaptés au monde qu'ils devraient servir. Ils sont inemployables, inutilisables. En 1989, on enregistre près de 1724 cadres sortis de l'université au chômage, 2.000 de leurs aînés sont non employés, sous-employés ou mal employés, 700 ingénieurs ne savent pas quoi faire, 700 agronomes s'égayent dans la nature, 800 professeurs d'université[5], 16.000 professeurs du secondaire, 40.000 instituteurs.La Côte d'Ivoire, partie d'un taux de scolarisation de 5 % atteint le taux de scolarisation de 73%, le plus élevé en Afrique, et y consacre 43 % de son budget à un moment où les autres pays de la sous-région ne consacrent que 15 à 25 % de leur budget à ce secteur. Malheureusement, 82% va au salaire du personnel qui du fait du décrochage perçoit 30 % de plus que les autres fonctionnaires du même grade, 10 % au social et 8 % seulement à la pédagogie et au fonctionnement.

L'Etat avec 137 établissements secondaires compte 218.912 élèves et chaque élève coûte 220.000 F CFA. Il y a, dans le privé, 199 établissements ne comptant que 84.798 élèves, chacun coûtant 96.000 F CFA à l'Etat. Ce qui a permis à celui-ci de ramener l'admission en 6ème à 85 points et d'orienter les élèves entre 85 à 90 points dans le privé.

Il est sage de reconnaître que notre système d'enseignement est d'un poids financier trop lourd pour les résultats qu'il remporte. Non seulement, il faut maintenir et si possible améliorer, quelle que soit l'expansion quantitative de l'éducation, le niveau et la qualité de l'enseignement mais faire en sorte que chaque enfant ivoirien ne quitte l'école sans un métier, comme le souligne la Réforme 1977 de l'Enseignement.

Seulement, si depuis l'Indépendance notre pays connait un certain développement, c'est que, heureusement pour nous, le système traditionnel où l'éducation se confond à la vie concrète étroitement liée au milieu et axée sur les besoins a résisté au choc de la colonisation. On y procède par apprentissage, par participation et la jeunesse est très tôt intégrée à la production. Malheureusement, au stade où en était notre système traditionnel, la scientificité et la technicité n'étaient pas suffisantes pour nous permettre l'accession aux lois d'un véritable développement.

Du fait du système éducatif périmé dont nous avons hérité, la Côte d'Ivoire est vouée à une cascade de maux économiques et sociaux suivis d'un désastre politique. Ainsi, ces jeunes, les Zin-Zin et Bahéfouê[6], sont-ils des "Révoltés" ou des "Révolutionnaires"? Ils demandent du travail et c'est légitime. Ce sont des révoltés. Ils ne se dressent que contre leur chef.

Il faut mettre notre jeunesse dans des dispositions telles qu'elle puisse combattre efficacement. Et il ne s'agit pas de se battre avec des armes de guerre, c'est dépassé, la guerre ne paie plus. Il s'agit de lutter avec les armes du savoir.Le Japon n'a pas de matières premières, ni minérales, ni agricoles, ni minières. Mais par la qualité de ses hommes, par un nationalisme éclairé, il est arrivé en soixante dix ans à gravir l'échelle économique. Nous pouvons mettre moins de temps, nous avons plus d'atouts que les Japonais concernant les matières premières. Et nous avons aussi des hommes capables d'assimiler comme les autres. Il nous faut entretenir un climat de paix qui empêche nos enfants de perdre leur temps et leur vie.

Pourquoi ne pas organiser un séminaire consacré à l'utilisation de tous les cadres ivoiriens dans l'artisanat, le primaire, le secondaire, le tertiaire?Sauvons la Côte d'Ivoire en nous éveillant à la préoccupation des jeunes! En optant pour une économie de rente, la Côte d'Ivoire s'est soumise aux abus du marché mondial. Elle accorde la priorité à l'agriculture d'exportation (café, cacao) au détriment de l'agriculture vivrière et parvient, ainsi, à acquérir des ressources financières sous forme de devises malheureusement consacrées à l'importation de produits alimentaires, de biens de consommation indispensables et au paiement de la dette. La dette, tant intérieure qu'extérieure, l'accable. Il est vrai que la Côte d'Ivoire finit par manquer de ressources pour importer ce qui lui est nécessaire et pour investir chez elle. Cette économie, dépendant de la prépondérance de l'étranger, engendre un développement non enraciné, non endogène, non autocentré et non entretenu. Elle est la cause profonde de la crise qui perdure. Notre jeunesse est la première victime de notre économie génératrice d'un chômage profond qui désespère, angoisse et mine notre société.

Cette jeunesse a commencé par braiser, noyer, susciter et pratiquer l'assassinat profanatoire, le suicide blasphématoire dans une Cathédrale. Serait-elle la preuve vivante du mal développement ? Son manque d'insertion dans les structures de production n'est-elle pas la cause de sa non intégration sociale ? Cette situation des jeunes n'est pas due au simple excédent des jeunes formés par l'école par rapport au nombre d'emplois, mais surtout à la non adaptation de notre système éducatif, à l'absence de formation aux métiers. En ne leur offrant que la perspective du chômage comme première expérience sociale, notre société ne perd-t-elle pas sa crédibilité et ne s'expose-t-elle pas d'autant plus à être contestée ? La jeunesse d'aujourd'hui n'est pas différente de la jeunesse d'hier. Si, avant les indépendances, on avait réservé à ma génération comme première expérience le chômage, elle aurait comme Giap[7] fait une guerre de décolonisation. Les jeunes exigent le droit d'avoir un métier et un emploi. Il est imprudent de tarder à les leur accorder.

Le 24 Décembre 1999, les revendications d'indemnités de jeunes militaires revenus de Centrafrique conduisent au premier coup d'Etat. Les jeunes crient: "On nous a sauvé". Les 4 et 5 juillet 2000 une mutinerie dans l`armée survient, le Général Guëï dénonce un coup d`Etat. Le 18 Septembre 2000, une tentative de coup d'Etat a lieu mais échoue (complot du cheval Blanc). Les jeunes répliquent: "on s'est trompé, on s'est trompé". Leur problème non résolu s'est aggravé.A la suite d'élections controversées, les hésitations dans la proclamation des résultats entraînent une descente dans les rues et un coup d'Etat électoral à l'appel de Laurent Gbagbo se produit.

Laurent Gbagbo devient Président de la République de Côte d`Ivoire en octobre 2000. Il y a eu des morts, on a parlé de charnier, de monument des martyrs. En 2002, les Zins-Zins et Bahéfouê ainsi qu'un millier de jeunes mobilisés qui ne veulent pas être démobilisés pour retourner au chômage, manifestent à nouveau.

Les 18 et 19 Septembre 2002, une nouvelle tentative de coup d'Etat échoue mais la guerre s'installe en Côte d'Ivoire. Nous avons, donc, face à face les Loyalistes et les Rebelles. Les Loyalistes sont les forces militaires nationales et les jeunes patriotes ivoiriens. Les Rebelles se composent des Zins-Zins - Bahéfouê ("Révoltés") et, des Mutins ("Révolutionnaires") aidés de mercenaires. Heureusement, les Zins-Zins et Bahéfouê se désolidarisent des Mutins qui ont voulu se servir de leurs revendications pour, avec l'appui des mercenaires, détruire leur pays et changer le régime constitutionnel.

Le vrai problème des Révoltés est celui des jeunes. Ils exigent le droit d'avoir un métier et un emploi, tout comme les «jeunes patriotes». Mécontents de leur sort, ils se dressent contre leur chef. Avec les Révoltés on peut dialoguer.

Quant aux Révolutionnaires, ce sont les Rebelles qui s'opposent au mode de sélection du chef, c'est-à-dire au régime. Les Révolutionnaires prétendent vouloir restaurer la véritable démocratie, la cessation de l'injustice, de l'inégalité, des arrestations arbitraires, la restauration de la liberté, le départ du Président Gbagbo. Avec les Révolutionnaires sur quelle base discute-t-on ? Que ces derniers sachent qu'on ne peut pas, par les armes, modifier une Constitution et qu'on ne peut pas, par les armes, demander à un Président élu de quitter son poste. Le renversement d'un gouvernement légitime par la force n'est pas une alternance démocratique.

Depuis la disparition du Président Félix Houphouët-Boigny, la désunion autour du pouvoir est réelle.

Depuis 1999, d'ambitieux prétendants au pouvoir exploitent la colère des jeunes, en travestissent l'objectif, jouent aux révolutionnaires à une seule fin, s'opposer au mode de sélection constitutionnel des chefs par le coup d'Etat et même la guerre. Prenant le monde au dépourvu, par trois fois, ils ont œuvré pour transformer avec brutalité la révolte des jeunes en révolution. Grâce au patriotisme et à la solidarité des jeunes et des femmes, la Côte d'Ivoire échappe au péril.

Les jeunes ne doivent pas être les sinistrés de la crise. Il nous faut absolument lutter contre de tels drames et contre des ingrats qui de ces drames fournissent l'occasion. Nous ne voulons pas que nos jeunes soient plus tard des anciens combattants. Nous voulons les voir combattants permanents pour la paix, seule capable de nous faire rattraper notre retard dans la voie du progrès. Il faut les mettre dans une situation telle qu'ils puissent consacrer tous leurs efforts à forger les vraies armes de l'indépendance. Soudés à leur société, ils sont les vrais promoteurs du développement. Sauvons la Côte d'Ivoire en nous éveillant aux préoccupations des jeunes. La grande responsabilité est de choisir et de vouloir un avenir à nos enfants. Le devoir est de prévoir cet avenir avec l'ample vision d'un futur conçu non comme une fatalité obscure mais comme une finalité rationnelle avec les voies qui y conduisent et l'intention d'élaborer des réalités aussi clairement que possible. Dans l'intérêt du pays et de tous, y compris eux-mêmes, qu'ils sachent exprimer leurs revendications et ils n'auront pas besoin d'organiser des révoltes. Car la situation dramatique d'aujourd'hui révèle une crise des valeurs qui se traduit par des phénomènes de violence et d'insécurité grandissantes. Elle est un avertissement que nous donne une jeunesse naufragée de la crise que connaît la Côte d'Ivoire depuis 1980.

Tous les enfants du cours préparatoire à la troisième seront scolarisés de manière obligatoire. Au sortir de la troisième, ils seront formés à un métier de leur choix et seront installés.

L'armée pourra contribuer à résoudre le problème du chômage des jeunes. Une grande armée orientée vers le développement s'occupera de l'agriculture vivrière, l'élevage, la pisciculture, la pêche maritime et lagunaire. Au sortir de l'armée, les jeunes pourront être regroupés, organisés à la manière de Kibboutz israéliens.

Pour aider notre jeunesse à maintenir son existence, sa cohésion, à limiter et résister à la destruction, nous devrons entreprendre une réforme agraire en créant des sociétés agricoles par hectare. Des jeunes, regroupés par village, créeront avec des cultivateurs propriétaires une société agricole. Le propriétaire d'un terrain le confiera à la société et recevra en retour des actions. Il ne pourra pas revendre le terrain ni en acheter d'autres en dehors de la société. Quant aux actions, elles ne pourront être vendues qu'aux actionnaires. Les jeunes ainsi regroupés seront à la fois travailleurs salariés et actionnaires, percevant à la fin de l'année, en plus de leurs salaires, les intérêts rapportés par les actions. Ce travail collectif sera d'autant plus rémunérateur pour le propriétaire et les jeunes qu'il se fera avec des méthodes d'exploitation modernes.

On aboutira à une politique sociale hardie Houphouëtiste, système de propriété à la fois individuelle et collective où le travail sera collectif mais l'intérêt individuel. Cette société agricole permettra aux jeunes de devenir agriculteurs et de travailler au sein d'une vaste entreprise.

Toutefois, pour restaurer les conditions d'un vaste développement économique, il faut parvenir à une grande autosuffisance financière.

La Côte d'Ivoire doit apprendre à douter de la fatalité. Elle garde toutes ses chances et n'a aucun complexe. Retenons que l'économie doit être perçue en fonction des besoins de l'Homme ivoirien. Quatre problèmes sont à résoudre et on le peut. L'étude a donc été faite, il suffit de décider de l'appliquer.

Le problème Alassane Dramane Ouattara

Comme certains pays africains dont le Bénin et le Cameroun, la Côte d'Ivoire, confrontée à un important déficit budgétaire, recourt à des emprunts auprès des institutions financières internationales, Banque mondiale et Fond monétaire International. Les bailleurs de fonds acceptent à la condition que ces fonds soient gérés par des «technocrates» qu'ils recommandent: Nicéphore Soglo au Bénin, Paul Biya au Cameroun, Alassane Dramane Ouattara pour la Côte d'Ivoire. Soglo et Paul Biya, technocrates et ressortissants du Bénin et du Cameroun, travaillent dans ces institutions financières. Bien qu'il n'y ait pas d'Ivoirien dans ces institutions, Alassane Dramane Ouattara y occupe un poste important en tant que Voltaïque né en Côte d'Ivoire. De plus, la Côte d'Ivoire avait accepté que celui-ci occupe, après le décès de Mr Abdoulaye Fadiga, le poste de Gouverneur de la BCEAO réservé à la Côte d'Ivoire, actionnaire majoritaire.

Le problème de l'éligibilité naît de deux impératifs contradictoires: défendre les droits des nationaux (stricte protection des nationaux et de la souveraineté de l'Etat) et respecter la valeur de l'hospitalité ivoirienne.

Le Président de la République, Chef de l'Etat, incarne l'unité nationale, en assume la continuité, est garant de l'indépendance nationale et de l'intégrité du territoire. En Angleterre, le trône du Chef de l'Etat appartient à une famille, la famille royale. En France, sur 22 Chefs d'Etat aucun Français naturalisé n'a accédé à ce poste. Aux

Etats-Unis, un Américain qui n'est pas né sur le territoire américain est inéligible parce qu'il est supposé avoir du fait du droit du sol une double nationalité potentielle.

C'est donc cette conciliation née de deux impératifs contradictoires qui est à l'origine de la querelle aboutissant aux événements du 24 Décembre 1999 et qui se poursuit.

L'éligibilité n'est pas offerte à tout le monde à cause de l'histoire de la Haute Volta, aujourd'hui Burkina Faso. De 1894 à 1904, la Haute volta est un territoire militaire aux mains des officiers français. De 1904 à 1919, c'est un territoire rattaché au Haut Sénégal et Niger. Et puis, un décret en fait une colonie autonome dans le groupe de l'AOF de 1919 à 1932. Mais le décret du 1er janvier 1937 du gouvernement français rattache une partie du territoire de la Haute Volta à celui de la Côte d'Ivoire sous le nom de Haute-Côte d'Ivoire. La Haute-Côte d'Ivoire recouvre une superficie de 153.000 Km² avec 2 019 000 habitants et comprend les villes de Ouagadougou, Koudougou, Tenkodogo, Kaya, Gaoua, Bobo-Dioulasso et Dédougou. Le 4 Septembre 1947, une loi de l'Assemblée Nationale française rétablit le territoire autonome et la Haute-Côte d'Ivoire redevient Haute Volta. Du coup, tous les ressortissants de l'ancienne Haute Côte d'Ivoire, sont étrangers et sont sensés n'avoir jamais été ivoiriens.

Le problème de nationalité ne relève que du judiciaire. Il ne s'agit pas d'une simple déclaration de nationalité mais d'une contestation de nationalité. Toute solution à une contestation de nationalité est de la compétence absolue du Tribunal Civil du lieu de naissance ou de la compétence du Tribunal d'Abidjan si on n'est pas né sur le territoire ivoirien. Même la Cour Suprême saisie a parlé de "nationalité douteuse" parce qu'elle n'est pas compétente. Seule une décision de la juridiction civile du lieu de naissance d'Alassane Dramane Ouattara (Dimbokro) peut garantir la paix.

Pour que la Côte d'Ivoire puisse mener une vie paisible et tranquille en toute dignité, il nous faut recourir à la loi. Code de nationalité, loi de 1961 Art. 77: il appartient en principal à celui dont la nationalité est contestée de saisir le Tribunal Civil de son lieu de naissance, l'action intentée par voie principale est portée devant la juridiction civile du lieu de naissance de celui dont la nationalité est en cause, ou s'il n'est pas né en Côte d'Ivoire devant le Tribunal de Première Instance d'Abidjan. Il ne peut être dérogé à cette règle de compétence, Art. 80. Toutes les décisions définitives rendues en matière de nationalité dans les conditions visées aux articles précédents ont, à l'égard de tous, l'autorité de la chose jugée (Code de nationalité, loi du 21/12/72 Art 87). La charge de la preuve en matière de nationalité incombe à celui qui, par voie d'action ou par voie d'exception, prétend avoir ou non la nationalité ivoirienne. La loi est donnée. Faisons-en un usage légitime.

Le 3 Décembre 1999, le Juge du Tribunal de Dimbokro a été saisi. La procédure était en cours lorsque le coup d'Etat du 24 Décembre 1999 est venu remettre tout en cause.

Certaines réussites du développement de notre pays ne devraient pas cacher les carences, les maux et les faiblesses de notre société. Il est même vain et dangereux de se complaire dans l'autosatisfaction. Nous préparons aux générations futures un avenir difficile si nous n'organisons pas la prise en main progressive des différents rouages de notre économie par les cadres et les capitaux nationaux. Bien sûr, l'ivoirisation doit être progressive et réalisée de concert avec les autres frères africains. C'est une exigence normale visant à une reconquête de soi qui malheureusement se heurte aux accusations faciles de xénophobie.

Le Président de la République, pendant 5 à 10 ans, est le symbole de l'unité, le garant de l'intégrité de la Côte d'Ivoire. Que sont 5 à 10 ans dans la vie d'un Homme? Cette fonction n'est pas une nécessité absolue à l'existence bien remplie du citoyen. Cela ne devrait justifier aucun désordre.

La Côte d'Ivoire a connu, dès les premières heures de son indépendance, des velléités sécessionnistes, Sanwi et Guébiés. Les principaux responsables des drames d'aujourd'hui, qui auraient pu être évités, sont les leaders des partis politiques. Aux hommes politiques, que je soupçonne de ne pas être étrangers à ce qui arrive à notre pays, je demande que chacun lance un appel à ses militants, parce que les nouvelles qui nous reviennent de terrains de combat dans le Nord nous assurent clairement que certains partis politiques sont fortement impliqués et complices des Rebelles.

Le combat a été meurtrier, long et opiniâtre. Des massacres, des tueries. Ces évènements laisseront des rancœurs, des colères légitimes.

Dans les régions assiégées la souffrance du peuple est grande. Mais il nous faut sauver la Côte d'Ivoire. Réconfortons les affligés. Refusons les passions. Scrupuleux observateur de la loi, le Président Laurent Gbagbo avait le droit de se montrer sévère. Mais il a décidé dans un langage, image fidèle de sa pensée, de dialoguer. Les Rebelles sauront-ils se tirer de ce mauvais pas ? C'est le cœur meurtri que nous constatons que la Côte d'Ivoire de Félix Houphouët-Boigny est sur la planète un des pays les plus pauvres. Gardons-nous, pour des ambitions personnelles, de changer radicalement de stratégie. Pourquoi veut-on mettre la Côte d'Ivoire à feu et à sang? Nous avons à construire la Maison Ivoire. C'est une entreprise passionnante et difficile qui n'aura pas de fin et requiert solidarité et fraternité. La Côte d'Ivoire n'est pas un pays qui commence, mais un pays qui continue et qui doit se définir par la continuité. Certes la liberté nous est chère, mais chaque Ivoirien doit accepter la discipline inscrite dans notre devise : Union Discipline Travail.

La vraie indépendance, ce n'est pas seulement celle que nous avons obtenue. La véritable indépendance, c'est celle que nous avons à bâtir nous-mêmes, à partir de l'union de tous dans le pays. Le chemin sera long mais nous y arriverons. Nous ne cultivons pas que le café et le cacao. Nous cultivons, par-dessus tout, l'amour du prochain, l'amour du frère, la tolérance, le respect de l'homme, le respect de tous les droits.

Maitre Arsène Assouan Usher, Ministre des Affaires
Etrangères de Côte d'Ivoire et le Pape Paul VI

Mon Message

Mon message, mon sentiment profond

Ivoiriens, Ivoiriennes

Tableau de souffrance. La Côte d'Ivoire est dévastée, ravagée, bouleversée, ses habitants réfugiés, dispersés, déplacés, mutilés, des veuves, des orphelins, une vie incomparable, la souffrance humaine, les morts, des innocents tués pour rien ! Trop de sang versé. Chute de la croissance économique à -2,3 %, fermeture des usines, des banques. Cette guerre a brisé le cœur des Ivoiriens, abattu leur esprit.

Accablé par le poids de ses misères, agacé par la rhétorique de ses amis, angoissé par l'incertitude et le désarroi où il se bat, il a parfois des cris incontrôlables de révolte. Je dis la vérité. Je ne mens pas. Ma conscience me rend témoignage. J'ai une grande tristesse et un chagrin dans le cœur. Plus jamais ça!Je vous ai présenté une étude et la récompense de l'échec c'est de comprendre. C'est l'étude qui fera que notre vie ne sera pas l'image de la mort. Nous ne devons pas intervenir au hasard sans une réflexion préalable. Soyons attentifs aux crises de la Côte d'Ivoire. Il nous faut approfondir notre connaissance de la vie sociale, politique et économique de notre pays.

Je m'adresse à vous parce que le pays est notre bien commun et que nous avons acquis l'indépendance dans une lutte au coude à coude au prix d'énormes sacrifices.

Jeunes! Reconnaissez le sacrifice consenti en votre faveur par vos aînés pour vous permettre d'assurer demain la relève avec le maximum d'efficacité. La Côte d'Ivoire et ce qui s'y trouve, jeunes générations, vous ont été donnés par vos aînés que nous sommes. Prenez-les et gardez- les en sécurité.

Retenez ce que disent les Grecs : "Nous ne sommes pas nés pour nous mais pour notre pays". Ovide affirme : "L'amour de la patrie est plus que toutes les raisons du monde". Et Voltaire de conclure : "A tous les cœurs bien nés la patrie est chère".

Le gouvernement est le temple dans lequel se fait notre réconciliation. Et la Côte d'Ivoire en est la seule bénéficiaire. L'acceptation des rebelles au gouvernement est le sacrifice du peuple ivoirien.

La majorité des jeunes du primaire au supérieur sans compter les analphabètes sont au chômage, laissée dans l'indigence, l'infortune et une grande misère.

"Armons-nous contre la misère, contre les incompréhensions mais de grâce ne portons aucune arme contre notre Prochain, parce que c'est notre Frère." Félix Houphouët-Boigny

Vous, nos enfants, qui avez les armes, je m'adresse à vous. Vous êtes la nouvelle génération mise au monde par la Côte d'Ivoire. Vous devez être la fleur de notre fierté, notre joie, notre couronne. Voici que vous devenez notre crainte, hier les machettes aujourd'hui les fusils.Si la Patrie vous préoccupe et que vous avez des problèmes à poser, déposez les armes!!Sachons que les grands ne peuvent rien faire sans les petits, ni les petits sans les grands, en toutes choses nous sommes mélangés[1] et c'est ainsi que nous serons efficaces.

Un groupe de jeunes, plutôt que de se pencher sur l'essentiel, la consolidation des bases existentielles de la nation, mobilise des mercenaires pour agresser, attaquer leur pays. Peut-être que vous-mêmes, les jeunes, vous avez été trompés par certains partis politiques dans leur course au fauteuil de Président de la République. Oui, certains partis politiques vous ont soumis à la vanité. Soyez assurés que vous pouvez vous libérer de la servitude, de la corruption, car le peuple attend de vous la paix, la persévérance.

Heureusement cette agression, cette attaque de la Côte d'Ivoire a donné à l'engagement de la jeunesse majoritaire et à celui des femmes leur véritable signification patriotique.

Que la jeunesse qu'on a qualifiée de rebelle comprenne que c'est par la paix intérieure que l'on construit une nation et que la paix intérieure d'une nation passe nécessairement par l'unité de ses fils!Alors, Soro Guillaume et les Rebelles, les partis politiques, Blé Goudé et les patriotes, que la haine cesse!

Artisans de la paix, que la lumière descende dans notre nuit. Jeunes, la paix n'est pas uniquement l'absence de guerre, mais, prévient le

Cardinal Agré, une façon de vivre, une façon de penser, une façon de parler, de regarder l'autre. "Gardons donc notre langue du mal et nos lèvres des paroles perfides. Coupons l'arbre de la haine à la racine". "Ne répondez pas à la violence par la violence." Félix Houphouët-Boigny.

Refusons le luxe trompeur de l'isolement et renouons avec tous les pays frères de la région, même si certains se sont trouvés dans une situation fausse.

La situation que nous vivons depuis le 19 Septembre 2002 laisse de la colère et bien des rancœurs. Ces rancœurs et colère sont légitimes, mais adoptons des attitudes positives. Nous avons à l'égard des générations à venir de très lourdes responsabilités : l'entente pour une politique constructive. Rapprochons-nous quelle que soit notre idéologie politique, quelque soit notre parti, pour la réalisation en commun d'un programme de progrès économique et social, un programme de sauvetage dans l'intérêt supérieur de la Côte d'Ivoire. Collaborons avec le gouvernement de réconciliation et laissons au temps le soin de dissiper définitivement toute équivoque, toute suspicion.

Car le témoignage est que vous avez fait du mal mais sans connaissance, en ignorant la justice et en cherchant à établir votre propre justice en luttant par les armes contre la xénophobie, l'exclusion, l'ivoirité. Quiconque croit en la Côte d'Ivoire ne sera pas confus.

Le PDCI est l'arme de combat de notre libération, l'instrument de notre développement. Il vit présentement dans des conditions difficiles. La démocratie s'identifie à l'arbre à palabres, forum africain. L'élection conduit le parti à la prise du pouvoir et à son exercice. Le parti c'est le groupe, le club, le comité. Comment pensez-vous qu'un parti peut garder sa cohésion pour la conquête du pouvoir avec en son sein des clubs, des comités, des groupes.

Le patriotisme se mesure au comportement du militant s'il s'arrête avant de détruire l'Etat ou de l'affaiblir. De même le loyalisme à l'égard du Parti se mesure au comportement du militant s'il s'arrête avant de détruire le Parti ou de l'affaiblir.

Il faut nous ouvrir à la démocratie, à la recherche du consensus et dépasser nos intérêts personnels.

Oui, notre pays à vocation de paix est mis à l'épreuve pour sonder les limites de sa vertu. Avec les accords de Linas Marcoussis, couverts par notre Constitution, revenons à la paix.Après notre expérience de la guerre, si nous choisissons la patience nous pourrons espérer l'unité et la paix.

Imprégnée de la mystique de l'unité, la lutte ne doit pas cesser tant qu'il y a une mésentente à dissiper. Plaçons nos différentes forces sous le signe de la communauté de vie et de destin.Il n'y a rien de plus constructif et de plus enrichissant que le dialogue à cœur ouvert entre nous. Il nous permet d'exprimer notre volonté de dépasser les conflits de personnes, de clans et de régions et de favoriser l'épanouissement d'une communauté. Avec la marche du temps, la paix est soumise à de perpétuels changements. Elle est fragile et mérite notre constant souci. Elle n'est jamais acquise une fois pour toute; elle est sans cesse à construire.

En outre, elle exige que chacun sache toujours dominer ses passions. Ne pas détruire celui qui veut nous détruire, mais le convertir à la tolérance. Ceci requiert une disponibilité permanente au dialogue avec un esprit de compromis, de compréhension, de persuasion. La négociation et la sagesse permettent aux hommes, nés pour s'entendre et non pas pour s'entre déchirer, de se comprendre, de s'estimer, de s'aimer pour bâtir enfin le palais promis à l'humanité, le palais de la fraternité. C'est ainsi que la paix est le fruit de l'amour qui va bien plus loin que les avantages prévus par la justice.

Au surplus, en acceptant de ne pas nous armer nous donnons un exemple unique au monde qui comprendra l'inutilité de la course aux armements.

Après la souffrance, la mort assumée, revenons à la Côte d'Ivoire restaurée qui brillera du nom des soixante-deux ethnies.

Nous devons arriver à l'unité complète à l'intérieur de nos frontières, une unité qui nous permettra de jouer notre rôle dans le concert des nations. Les groupements ethniques étrangers[2] sont un levain de l'unité parce que personne ne peut se baser sur une seule tribu ou un seul groupement ethnique pour réaliser quoi que ce soit d'efficace Nous sommes donc condamnés à l'unité. Si le cœur n'est pas à cette unité, la raison nous l'impose .Faisons appel aujourd'hui encore plus qu'hier à tous, paysans et travailleurs des villes, villageois et citadins, hommes et femmes, jeunes et vieux. Tout ce qui peut nuire à cette unité ou la contrarier doit être évité. C'est le lieu d'attirer l'attention des jeunes intellectuels sur leurs responsabilités pour le maintien et le renforcement de cette unité.

L'objectif de la Côte d'Ivoire est de parvenir à une grande patrie dans laquelle, il n'y aura plus d'étrangers. Nous devons avoir en Côte d'Ivoire l'ambition de dépasser le concept de nation pour créer une véritable famille à l'échelle du pays.

La paix repose sur la justice sociale et économique, sur la lutte contre les inégalités du développement économique et social à l'intérieur des nations et dans les relations économiques internationales. Nul doute que la détérioration des termes de l'échange n'est pas génératrice de paix sociale.

L'objectif ultime est un niveau de vie convenable pour tous: un développement économique et social fondé sur une solidarité active.

La paix est une religion pour notre pays, c'est une nécessité pour son développement. Cette paix est également indispensable à toute l'Afrique si nous voulons rattraper notre long retard sur le chemin du progrès. L'ambition légitime de tous les jeunes Etats de notre continent est de parvenir à l'égalité économique et sociale avec les pays les plus évolués du monde.

Il est plus facile, malgré les apparences, d'acquérir l'indépendance que de la conserver. Resterions-nous passifs, incapables de contester les enjeux sous-jacents, les licences d'exploitation de notre pays par les réseaux français comme au temps des colonies?

Nous dénonçons l'injustice. La prospérité des riches repose sur le pillage des pauvres ou sur le prélèvement de leurs ressources. Le système économique satellise la Côte d'Ivoire à l'étranger et permet aux Etats industrialisés d'accaparer ses ressources.

C'est grâce à l'unité de vos parents au sein du PDCI-RDA dans la paix permanente que ce parti a remporté la victoire sur la colonisation, sur l'impérialisme politique. Mais la lutte continue, elle n'est pas terminée, entrez dans la lumière. Il faut à votre tour vous battre contre l'impérialisme économique. Ne vous divisez pas, ne soyez plus qu'un dans cette Côte d'Ivoire qui a besoin de vous!Nous vivons en Côte d'Ivoire avec une économie périmée, une nation divisée, des mentalités inadaptées au réel. Nous ne parlons pas un langage de l'action immédiate ni celui de l'exactitude historique ni d'analyse à long terme. Côte d'Ivoire d'où vient ton mal ? Il est nécessaire que tu connaisses pourquoi tu es plongée dans la tristesse. Ne sois pourtant pas désespérée.

Je connais ton mal. Pourvu que je sois écouté. Le mal qui te ronge est plus économique que politique. Les Ivoiriens se sont soustraits de la fonction économique. La politique n'en est qu'une conséquence.

Il nous appartient de forger au plus vite les armes de l'indépendance économique. Nous pouvons tout entreprendre et tout réussir.

Mais l'indépendance n'est significative que si la liberté du citoyen est assurée. Or cette liberté naît de l'indépendance économique, du développement qui n'est que le résultat de l'action de tout le peuple ivoirien dans l'union et la discipline. Portons donc nos efforts, principalement sur le développement économique réalisé dans l'enthousiasme et la confiance de nos jeunes pour supprimer le chômage et les inégalités sociales. Mettons-nous au travail pour que la Côte d'Ivoire jouisse d'une paix permanente. Nous sommes conscients des difficultés à vaincre, mais nous le pouvons. Hommes, femmes, jeunes garçons et filles acceptez avec foi et enthousiasme de fournir votre contribution à la construction nationale. Le travail sera libre mais pas de place pour les oisifs, ni pour les parasites. Prenons des mesures énergiques au niveau de chaque village, de chaque quartier, de chaque centre urbain afin que nul ne puisse se soustraire aux obligations nationales.

Le devoir de mémoire impose de nous souvenir des milliers d'hommes, de femmes, et d'enfants qui sont morts ou marqués à jamais dans leur chair par cette guerre. C'est pourquoi, aujourd'hui la Côte d'Ivoire doit prendre date avec l'histoire en montrant aux yeux de la communauté internationale qu'elle dispose de la ressource et de la capacité nécessaires de transcender ces contradictions pour s'inscrire à nouveau dans la paix.

Si nous ne demandons pas le pardon et si nous ne nous l'accordons pas, comment la Côte d'Ivoire pourra-t-elle se développer?

Ivoiriens, Ivoiriennes, mes jeunes frères et jeunes sœurs, les chances de la Côte d'Ivoire sont intactes. Nous devons aller au pardon. Les jours que nous vivons y exhortent particulièrement. Que les injures soient jetées dans l'oubli. Que les fautes ignorent désormais les tortures et que toutes les offenses soient libérées de la peur de la vengeance. Et si nous sommes croyants, et comme tous en Côte d'Ivoire nous le sommes, réjouissons-nous d'avoir même trouvé à qui pardonner pour que dans nos prières, Dieu aussi nous pardonne. Car, notre devoir est d'être un modèle de l'espérance promise à l'humanité.

Ivoiriens, Ivoiriennes, résidents de Côte d'Ivoire, je me tourne vers vous pour vous dire que, lorsqu'on parcourt ce pays, quand on lit sur le visage de nos femmes, de nos enfants, de nos hommes, de nos vieillards, cette joie de vivre, cette confiance dans l'homme, cette fraternité qui suinte à fleur de peau, cette foi dans le destin de notre pays, on peut tout entreprendre et réussir. Que Dieu abaisse nos montagnes d'orgueil et comble les abîmes de nos faiblesses. Qu'il abatte les barrières de haine qui nous séparent et ouvre entre nous le chemin de l'amitié. Nous sommes condamnés à l'unité.

Soyons charitables. A la charité nous devons joindre l'endurance et la patience. La charité est magnanime, la charité est bienveillante, la charité ne jalouse pas, elle n'est pas vanité, elle ne s'emporte pas, elle n'entretient pas la rancune, la charité aime, espère et endure tout.

Ivoiriens, Ivoiriennes, frères et sœurs, nous devons aimer non pas avec des paroles et des discours mais par des actes sincères. Revêtons des sentiments de compassion, de bienveillance, d'humilité, de douceur et de patience. Supportons-nous les uns les autres. Nous avons des griefs les uns contre les autres mais pardonnons-nous mutuellement.

Dans l'état actuel de notre pays, en tant qu'Hommes nous sommes conscients de nos droits, mais aussi et surtout de nos devoirs.

Comment ne pas comprendre que dans ce monde où nous sommes, seule la puissance économique et scientifique confère à un pays le prestige. On ne peut compter sur nous que si nous nous mettons au travail, forts de nos incalculables potentialités. Ivoiriens, Ivoiriennes ne gâchons pas nos chances. Provoquons une concertation avec tous pour rechercher de nouvelles approches du règlement des problèmes

Nous sommes un petit pays, mais la lumière peut venir d'un petit pays pour éclaircir le chemin de l'humanité. Une humanité en quête d'amour, de liberté et de fraternité.

Nous devons arriver à l'union des continents. Cette Union ne sera pas pour autant la perte de la personnalité de chacun d'eux. Nul ne peut s'approprier le monopole de la dignité et de la fierté de l'Afrique

Que sur nous, Ivoiriens, descende la colombe qui désigne la simplicité et sur nous descende aussi le feu qui symbolise le zèle.

Chers frères, laissons la sagesse toucher nos cœurs et sortons notre pays de la détresse.

Famille Usher: enfants et petits enfants à Grand Lahou en 1996 à l'occasion du 41ème anniversaire de mariage de Mr et Mme Usher

La Vie de Maître Arsène Assouan Usher

Arsène Assouan Usher est ivoirien, marié et père de 6 enfants. Il est né le 24 octobre 1930 à Grand Lahou, huitième enfant de Daniel Usher et d'Agnès Ahi. Décédé le 13 octobre 2007.

1955	Licence de Droit (Poitiers, France) et Avocat stagiaire à la Cour d`Appel de Poitiers
1956–58	Attaché de cabinet du Ministre Félix Houphouët-Boigny
31–03–1957	Elu Conseiller Territorial de Grand Lahou1957
	Directeur Adjoint de la Caisse de Compensation et des Prestations Familiales de Côte d'Ivoire
1958-1959	Député à l'Assemblée Constituante
1958-1962	Avocat à la Cour d`Appel d`Abidjan
1959-60	Député et Vice-président de l'Assemblée Nationale
1960-1966	Ambassadeur délégué permanent aux Nations Unies
1964–1965	Membre non-permanent du Conseil de Sécurité des Nations Unies au nom de la Côte d'Ivoire du 1er Janvier 1964 au 31 Décembre 1965
	Président du Conseil de Sécurité au mois de Juin 1964
1966-77	Ministre des Affaires Etrangères
1977	Auteur de la Réforme Nationale de l'Enseignement

21, 25–09–1989	Président de la Commission nationale de synthèse des journées du dialogue
26-06 à 1–07–1989	Vice-président de la Commission des sept pour la déclaration de la paix dans l'esprit de l'homme dans le cadre du Congrès international sur la paix dans l'esprit de l'Homme, à Yamoussoukro
1980-1990	Maire de la commune de Cocody (Abidjan, Côte d'Ivoire)
1991-2007	Maire de la commune de Grand Lahou

Arsène Assouan Usher a également été Expert des Nations Unies à la Commission des Droits de l'Homme à Genève.

Initiatrice de l'édition
Docteur Usher Maléombho Mélanie

Le Docteur Usher Maléombho Mélanie, fille ainée de Maître Usher, est née le 16 juin 1956 à Paris. Elle est médecin pathologiste de formation. Elle vit aux Etats-Unis avec ses 4 enfants. Elle a consacré deux ans à l'édification de ce document au lendemain du décès de Maître Usher dont elle connaissait l'amour et l'attachement pour La Côte d'Ivoire. Elle était très proche de son père qu'elle écoutait de longues heures, le soir en Côte d'Ivoire, lui conter ses aventures politiques. Dr Usher Maléombho n'est pas particulièrement une adepte de la politique mais a reçu la fibre à force d'être auprès de ce père qu'elle a toujours affectionné et dont elle a admiré l'intellect.

L'un de ses objectifs de très longue date est la lutte contre le cancer. Présente aux Etats-Unis d'Amérique, elle a souhaité établir un pont d'intérêt de santé publique entre les institutions de santé des Etats-Unis et de la Côte d'Ivoire pour la cardiologie et la prévention du cancer en général et des cancers du col, de l'ovaire et du sein en particulier. Elle a également travaillé dans la recherche à l'Institut de Pathologie des Forces Armées Américaines (AFIP) sur l'ulcère de Buruli.

Annexes

Chapitre troisième Côte d'Ivoire, artisan de paix dans le monde

Annexe 1
Question du Yémen
Projet de résolution Côte d'Ivoire – Maroc (S/5649)

Ayant examiné la plainte de la République Arabe du Yémen concernant l'attaque aérienne britannique lancée contre le territoire yéménite le 28 mars 1964 (S/5635), vivement préoccupé par la grave situation qui règne dans la région, rappelant l'article 2, paragraphes 3 et 4, de la Charte de Nations Unies, ayant entendu les déclarations faites à ce sujet au Conseil de Sécurité Condamne les représailles comme étant incompatibles avec les buts et les principes des Nations Unies; Déplore l'action militaire britannique menée à Harib le 28 mars 1964; Déplore toutes les attaques et tous les incidents qui ont eu lieu dans la région; Invite la République Arabe du Yémen et le Royaume-Uni à faire preuve de la plus grande modération afin d'éviter de nouveaux incidents et de rétablir la paix dans la région; Prie le Secrétaire Général d'user de ses bons offices pour tenter de régler les questions en suspens, en accord avec les deux parties

Annexe 2 Problème Indonésie-Malaisie Projet de résolution (S/5973) et Décision.
A la 1152ème séance, tenue le 17 septembre 1964, le projet de résolution présenté par la Norvège (S/5973) a été mis aux voix; Regrette tous les incidents qui se sont produit dans l'ensemble de la région; Déplore l'incident du 2 septembre 1964 qui est la base de la plainte continue dans le document S/5930; Demande aux parties intéressées de n'épargner aucun effort pour éviter que de tels incidents ne se reproduisent; Fait appel aux parties pour qu'elles s'abstiennent de tout

recours ou menace de recours à la force et pour que chacune respecte l'intégrité territoriale et l'indépendance politique de l'autre créant ainsi une atmosphère favorable à la poursuite de leurs négociations; Recommande aux gouvernements intéressés de reprendre ensuite leurs négociations sur la base du communiqué conjoint publié par les chefs de gouvernement à la suite de la réunion tenue à Tokyo le 20 juin 1964. Lorsque la commission de conciliation prévue dans ce communiqué conjoint aura été constituée, elle devra tenir le Conseil de Sécurité au courant de l`évolution de la situation.

Décision

La résolution norvégienne fut mise aux voix et il y a eu 9 voix pour et 2 voix contre (Tchécoslovaquie, U.R.S.S.). Un membre permanent du Conseil ayant voté contre, le projet de résolution n'a pas été adopté.

Annexe 3 Problème de la République Dominicaine Projet de résolution de l'Uruguay révisé (S/6346/rev. 1)

Ayant examiné la situation qui existe dans la République Dominicaine, Ayant étudié les rapports du Secrétaire Général (S/6369 et S/6371), Prenant acte des communications de l'Organisation des Etats Américains en date des 29 avril, 30 avril, 1er mai, 6 mai et 20 mai 1965, relatives aux mesures prises par ladite Organisation en ce qui concerne la situation qui existe dans la République Dominicaine, Ayant présent à l'esprit les Articles 24, 34 et 35 ainsi que les dispositions pertinentes du Chapitre VIII de la Charte des Nations Unies, Réaffirmant les principes contenus dans le Chapitre I de la Charte des Nations Unies, et en particulier, les paragraphes 4 et 7 de l'Article 2, Tenant compte également, en particulier, des dispositions des Articles 15 et 17 de la Charte de l'Organisation des Etats Américains,

Exprime la vive inquiétude que lui causent les événements survenus dans la République Dominicaine et l'aggravation croissante de la situation; Réaffirme le droit du peuple de la République Dominicaine à exercer librement, sans aucune contrainte, son droit souverain à l'auto détermination; Demande l'application immédiate du cessez-le-feu ordonné par le Conseil de Sécurité dans sa résolution 203 (1965) du

14 mai 1965 (SIRES. 203); Demande à tous les Etats de s'abstenir de fournir, directement ou indirectement, des facilités ou une aide militaire de quelque sorte qu'elles soient aux factions en conflit et de s'abstenir de toute mesure qui pourrait entraver le rétablissement de conditions de vie normale dans le pays; Invite le Secrétaire Général à continuer à suivre de près les événements qui se déroulent dans la République Dominicaine et à prendre les mesures qu'il jugera opportunes afin de pouvoir faire rapport au Conseil de Sécurité sur tous les aspects de la situation; Invite l'Organisation des Etats Américains à tenir le Conseil de Sécurité promptement et pleinement informé des mesures qu'elle prendra à l'égard de la situation qui existe en République Dominicaine; Invite de même l'Organisation des Etats Américains à coopérer avec le Secrétaire Général de l'Organisation des Nations Unies aux fins de donner effet à la présente résolution.

Annexe 4 *Amendements de l'Union Soviétique (S/6352/rev. 2) et Décision*

L'U.R.S.S a présenté les amendements suivants au texte révisé du projet de résolution proposé par l'Uruguay (S/6346/rev. 1) Supprimer le premier alinéa du préambule. Ajouter au préambule l'alinéa suivant: Ayant examiné la question de l'intervention armée des Etats-Unis d'Amérique dans les affaires intérieures de la République Dominicaine.

Supprimer le troisième alinéa du préambule Ajouter au paragraphe 1 du dispositif les mots suivants et condamne l'intervention armée des Etats-Unis d'Amérique dans les affaires intérieures de la République Dominicaine en tant que violation flagrante de la Charte des Nations Unies.

Supprimer les paragraphes 6 et 7 du dispositif Ajouter au dispositif le paragraphe suivant : exige que le gouvernement des Etats-Unis d'Amérique retire immédiatement ses forces armées du territoire de la République Dominicaine.

Décision

Le préambule du projet de résolution de l'U.R.S.S. (S/6328) a obtenu 2 voix pour (U R.S.S, Jordanie), 5 voix contre et 4 abstentions (Côte d'Ivoire, France, Malaisie, Uruguay). Le préambule n'a pas été adopté. Le paragraphe I du dispositif a obtenu 1 voix pour (U.R.S.S.), 6 voix

contre et 4 abstentions (Côte d'Ivoire, France, Jordanie, Malaisie). Le deuxième paragraphe du dispositif a obtenu 2 voix pour (U.R.S.S, Jordanie), 6 voix contre et 3 abstentions (Côte d'Ivoire, France, Malaisie). Les paragraphes du dispositif n'ont pas été adoptés.
Les amendements de L'URSS sont rejetés

Chapitre septième: Le vrai problème ivoirien

Annexe 5 Répartition de l'emploi selon les différents secteurs de l'économie et leur distribution dans la population ivoirienne

	primaire (agriculture fournit2/3 des emplois)	Secondaire (industrie-transport)	Tertiaire (distribution-service-commerce).
Part dans le PIB	35% et (66% des recettes d'exportation)	4.8%	45%
Emploi	63,4%	3,8%	32,8%
Etrangers	65%	80%	78%
Ivoiriens	35%	20%	22%

Annexe 6

Une estimation sommaire de l'épargne nationale donnerait les chiffres suivants

DESIGNATION	SALAIRES	TAUX	MONTANT
Salaires des agents de l'Etat (fonctionnaires, agents temporaires)	272.705.000.000	10%	27.270.500.000
Salaires EPN, gendarmes, militaires, journaliers	116.320.000.000	10%	11.632.000.000.
Salaires de tous les autres secteurs	430.000.000.000	10%	43.000.000.000.
Paysans regroupés en GVC café-cacao	1.409.000.000.000	10%	140.900.000.000
Planteurs de coton	33.600.000.000	10%	3.360.000.000
Producteurs de coprah, palmier à huile, caoutchouc	135.000.000.000	10%	13.500.000.000
Commerçants	246.000.000.000.	10%	24.600.000.000
Professions libérales	1.500.000.000.000	10%	150.000.000.000
TOTAL			414.262.500.000

Annexe 7 (www.un.org/fr/documents/scres.shtml) (voir page suivante)

Resolution 242 (1967)

of 22 November 1967

The Security Council,

Expressing its continuing concern with the grave situation in the Middle East,

Emphasizing the inadmissibility of the acquisition of territory by war and the need to work for a just and lasting peace in which every State in the area can live in security,

Emphasizing further that all Member States in their acceptance of the Charter of the United Nations have undertaken a commitment to act in accordance with Article 2 of the Charter,

1. *Affirms* that the fulfilment of Charter principles requires the establishment of a just and lasting peace in the Middle East which should include the application of both the following principles:

   (i) Withdrawal of Israel armed forces from territories occupied in the recent conflict;

   (ii) Termination of all claims or states of belligerency and respect for and acknowledgement of the sovereignty, territorial integrity and political independence of every State in the area and their right to live in peace within secure and recognized boundaries free from threats or acts of force;

2. *Affirms further* the necessity

   (*a*) For guaranteeing freedom of navigation through international waterways in the area;

   (*b*) For achieving a just settlement of the refugee problem;

   (*c*) For guaranteeing the territorial inviolability and political independence of every State in the area,

---
11 *Ibid.*

Résolution 242 (1967)

du 22 novembre 1967

Le Conseil de sécurité,

Exprimant l'inquiétude que continue de lui causer la grave situation au Moyen-Orient,

Soulignant l'inadmissibilité de l'acquisition de territoire par la guerre et la nécessité d'œuvrer pour une paix juste et durable permettant à chaque Etat de la région de vivre en sécurité, ·

Soulignant en outre que tous les Etats Membres, en acceptant la Charte des Nations Unies, ont contracté l'engagement d'agir conformément à l'Article 2 de la Charte,

1. *Affirme* que l'accomplissement des principes de la Charte exige l'instauration d'une paix juste et durable au Moyen-Orient qui devrait comprendre l'application des deux principes suivants :

   i) Retrait des forces armées israéliennes des territoires occupés lors du récent conflit;

   ii) Cessation de toutes assertions de belligérance ou de tous états de belligérance et respect et reconnaissance de la souveraineté, de l'intégrité territoriale et de l'indépendance politique de chaque Etat de la région et de leur droit de vivre en paix à l'intérieur de frontières sûres et reconnues à l'abri de menaces ou d'actes de force;

2. *Affirme en outre* la nécessité

   a) De garantir la liberté de navigation sur les voies d'eau internationales de la région;

   b) De réaliser un juste règlement du problème des réfugiés;

   c) De garantir l'inviolabilité territoriale et l'indépendance politique de chaque Etat de la région, par

---
11 *Ibid.*

through measures including the establishment of demilitarized zones;

3. *Requests* the Secretary-General to designate a Special Representative to proceed to the Middle East to establish and maintain contacts with the States concerned in order to promote agreement and assist efforts to achieve a peaceful and accepted settlement in accordance with the provisions and principles in this resolution;

4. *Requests* the Secretary-General to report to the Security Council on the progress of the efforts of the Special Representative as soon as possible.

Adopted unanimously at the 1382nd meeting.

Decision

On 8 December 1967, the following statement which reflected the view of the members of the Council was circulated by the President as a Security Council document (S/8289) :[12]

"As regards document S/8053/Add.3,[12] brought to the attention of the Security Council, the members, recalling the consensus reached at its 1366th meeting on 9 July 1967, recognize the necessity of the enlargement by the Secretary-General of the number of observers in the Suez Canal zone and the provision of additional technical material and means of transportation."

des mesures comprenant la création de zones démilitarisées;

3. *Prie* le Secrétaire général de désigner un représentant spécial pour se rendre au Moyen-Orient afin d'y établir et d'y maintenir des rapports avec les Etats intéressés en vue de favoriser un accord et de seconder les efforts tendant à aboutir à un règlement pacifique et accepté, conformément aux dispositions et aux principes de la présente résolution;

4. *Prie* le Secrétaire général de présenter aussitôt que possible au Conseil de sécurité un rapport d'activité sur les efforts du représentant spécial.

Adoptée à l'unanimité à la 1382e séance.

Décision

Le 8 décembre 1967, le Président a fait distribuer, en tant que document du Conseil (S/8289[12]), la déclaration ci-après qui reflétait l'avis des membres du Conseil :

"En ce qui concerne le document S/8053/Add.3[12], soumis à l'attention du Conseil de sécurité, les membres de celui-ci, rappelant le consensus intervenu à sa 1366e séance, le 9 juillet 1967, reconnaissent la nécessité de l'accroissement, par le Secrétaire général, du nombre des observateurs dans le secteur du canal de Suez et de la mise à la disposition de ceux-ci de matériel technique et de moyens de transport supplémentaires."

Annexe 8

Discours de Maître Arsène Assouan Usher du Samedi18 Novembre 2006 à Grand Lahou (Côte d'Ivoire)
Cérémonie de remise officielle d'un camion benne, don du Président de la République Démocratique d`Algérie

Heureux de vous souhaiter la bienvenue à Grand Lahou, Excellences les Ambassadeurs et Mesdames, et comment ne pas souligner la présence du représentant des Nations Unies? Et oui, c`est pour moi un privilège. Bien sûr que nous vous offrons la plus cordiale des bienvenues.
Excellence, Ambassadeur de la république Démocratique de l`Algérie, en ce jour mémorable pour ma localité où mon frère Président Bouteflika a décidé de m`offrir un camion.
Ils sont nombreux, les hauts cadres ivoiriens, africains qui ne cessent de rappeler qu`au collège et à l`université, parlant du problème africain, on citait presque toujours Bouteflika et Usher. En effet, nos positions intéressaient l`opinion internationale. Mon frère était Président de l`Assemblée Générale et j`étais Président du Conseil de Sécurité. Quand mon frère parle on dit le problème est posé, la solution est difficile. Quand j`interviens, l`opinion réplique, le compromis se dessine.
C`est ce témoignage de sollicitude et de confiance dont nous devons nous montrer fiers.
Je tiens à exprimer mes remerciements à leurs Excellences, les Ministres des Affaires Etrangères, Messieurs les Ambassadeurs des Etats-Unis et du Ghana, Messieurs les Représentants de l`ONUCI, Messieurs les Ambassadeurs ivoiriens, mes chers collègues et, en particulier, ma profonde gratitude aux Excellences l`Ambassadeur d`Algérie et nos amis Chinois pour tout ce qu'ils font pour moi et ma ville de Grand Lahou.
Mes remerciements s'adressent également aux Chefs Traditionnels, aux Chefs de services, aux danseurs traditionnels, aux jeunes cadres qui ne ménagent aucun effort pour répondre à mes invitations.
Parmi les titres que je puis avoir à cet honneur, je ne peux retenir que celui d`avoir été et d'être l`ami et frère de son Excellence Abdelaziz Bouteflika, Président de la République Algérienne Démocratique et Populaire.

Vous, cadres de Côte d`Ivoire que nous reconnaissons de nom n`avez-vous pas dit qu`a l'école, on ne vous parlait à l'époque que de ces deux diplomates. Bouteflika a été Président de l`Assemblée générale et Usher Président du Conseil de Sécurité

Oui, la Côte d`Ivoire, artisan de la paix, havre de paix, a contribué à ramener la paix dans le monde. Ce pays est aujourd`hui condamné au titre du chapitre VII de la Charte. Quelle Maldonne! Quelle erreur! Sachons réagir en artisan de paix et la Côte d`Ivoire retrouvera sa vraie place dans le monde.

Ressources Internet

www.assemblee-nationale.fr/
www.bceao.int
www.bookfinder.com/author/edtions-delroisse/
www.Cotedivoire-pr/)
www.fundforpeace.org
www.uemoa.int
www.ulb.ac.be/assoc/iv/info.html
www.un.org/fr/documents/scres.shtml

Notes

(Le Réviseur officiel est l'auteur des notes)

Du même auteur

[1]   Disponible sur le site internet www.bookfinder.com/author/ edtions-Delroisse/

Côte d'Ivoire, généralités

[1]   17.298.040 habitants: Estimation du site officiel de la Présidence de la République de Côte d'Ivoire consulté début 2009. (www.cotedivoire-pr/)

Côte d`Ivoire, havre de paix

[1]   La basilique Notre Dame de la Paix de Yamoussoukro est construite, à l'initiative du Président Félix Houphouët-Boigny, de 1985 à 1989 dans la capitale politique Yamoussoukro. Le Livre Guinness des records la reconnaît comme le plus grand édifice religieux chrétien au monde.

[2]   Médecin africain ou médecin auxiliaire, titre donné au médecin formé en Afrique Occidentale Française secondant le médecin colonial français. Le médecin africain était formé après une sélection par concours à la sortie de l'Ecole William Ponty au Sénégal, une année de sciences fondamentales, et enfin quatre ans d'études à l'Ecole de Médecine de l'Afrique Occidentale Française à Dakar. Félix Houphouët-Boigny sort major de la promotion 1925.

[3]   Loi-cadre   Deferre-Houphouët-Boigny: Cette   loi   est officiellement appelée par l'Assemblée Nationale française la loi-

- 147 -

cadre Deferre. Elle a porté, en partie, la marque d'Houphouët-Boigny. (www.assemblee-nationale.fr/)

4   L'Assemblée Nationale (1958-1960): En AOF, l'Assemblée Territoriale devient Assemblée Constituante en 1958 et les Conseillers Territoriaux sont appelés Députés, la colonie de Côte d'Ivoire devient République autonome au sein de la Communauté (Française ou encore Franco Africaine). A la veille du mois de l'indépendance en 1960, l'Assemblée Constituante devient Assemblée Nationale.

5   Le Sanwi: Ce royaume Agni (groupe culturel Akan) dans la région du Sanwi au Nord-est de Grand-Bassam signa un traité de protectorat avec la France en 1843. Au nom de ce traité, le Sanwi, pour obtenir la sécession d'avec la République de Côte d'Ivoire, se soulève par 3 fois, en 1959, 1961 et 1969. Le royaume ne parviendra jamais à l'autonomie.

6   Le groupe Afro–asiatique: Il a pris forme en 1955 à la Conférence de Bandoeng. Il a représenté une alliance d'Etats majoritairement arabes et asiatiques à laquelle seuls l'Ethiopie et le Libéria se sont rattachés tout d'abord. Puis, à l'ONU en 1960, le groupe compte 45 Etats dont 22 d'Afrique Noire. La présidence du groupe a été exercée chaque mois par un des Etats membres selon l'ordre alphabétique. Le groupe afro-asiatique a reposé sur 2 principes: le principe fédérateur de l'anticolonialisme et le principe du non-alignement. Il espérait ainsi constituer une zone de paix et jouer un rôle de conciliation entre l'URSS et les USA pendant la Guerre Froide. Il agissait principalement au sein de l'ONU. Malgré ses dissensions internes, le groupe a représenté un moment important des années 1950-1960 dans les relations internationales.

7   Le fameux complot: De 1959 à 1963, trois complots auraient eu lieu: le complot du « chat noir », le complot dit des "jeunes", des "intellectuels" ou des "universitaires" et le complot des "anciens". Certains "comploteurs" furent emprisonnés dans la

prison d'Etat d'Assabou à Yamoussoukro. (Samba Diarra, *Les faux complots d'Houphouët-Boigny/Fracture dans le destin d'une nation,* Paris, Karthala, 1997)

[8] La révolte des Guébiés: Guébié est un canton dans l'ouest de la Côte d'Ivoire près de la ville de Gagnoa. En 1970, Kragbé Gnagbé, originaire de ce canton, exige la création d'un parti politique d'opposition conformément à l'article 7 de la Constitution ivoirienne dans un régime alors de parti unique.

[9] L'Institut de la vie: Il est né en 1960 à Paris à l'appel du biologiste le Professeur Maurice Marois et sous la Présidence de Jean Rostand. L'association internationale poursuit des objectifs "d'étude des problèmes que posent à l'homme la conservation et le développement de la vie et de mise en œuvre des moyens qui peuvent contribuer à résoudre ces problèmes" (extrait des statuts) dans un environnement scientifique. L'approche est globale, participative, interdisciplinaire et multiculturelle ("marier le regard des gens et celui des scientifiques"). Elle diffuse des rapports qui ont fait évoluer les idées, dans le public comme dans les milieux de décision. (www.ulb.ac.be/assoc/iv/info.html)

Chapitre Premier La Côte d'Ivoire et la France

[1] Union française: Bien que ne satisfaisant pas tout à fait les Territoires d'Outre-mer, cette institution coloniale (1946-1958), qui régissait les liens entre la métropole française et ses colonies, offrait des avancées desserrant quelque peu l'étau de la colonisation. Une de ces avancées était la liberté d'association qui se traduisit par la création de partis politiques africains, parmi lesquels le PDCI et le RDA. "S'ensuivit «un bouillonnement politique intense" selon J. Ki-Zerbo, dans son *Histoire de l'Afrique Noire /D'hier à demain*, Paris, Hatier, 1978

[2] Communauté rénovée: Le droit à l'indépendance étant ouvert aux Etats qui auraient adhéré à la Communauté de 1958 (à laquelle S. Touré avait prononcé le 'non' de la Guinée), le Général de Gaulle ne put refuser la demande d'indépendance

de la Fédération du Mali (Mali, Sénégal) en 1959. Ainsi, les Accords de la Communauté furent créés; ce fut la dislocation de la Communauté de 1958 et l'avènement de la Communauté rénovée. "Le coup de grâce à cette Communauté rénovée fut donné par le président Houphouët-Boigny et les chefs des Etats du Conseil de l'Entente. Parce qu'ils avaient cru à une Communauté franco-africaine stable, ils se déclarèrent déçus, voire humiliés, par l'attitude de la France: celle-ci permettait à leurs adversaires sénégalais et soudanais de faire figure de héros de l'indépendance. Ils annoncèrent dès lors, le 3 juin 1960 leur volonté de proclamer leur indépendance, sans négociation concomitante d'accords de coopération". Ces derniers interviendront un peu plus tard. La Fédération du Mali éclata le 20 août 1960 et la Communauté rénovée disparut définitivement. (Coquery-Vidrovitch, Catherine et Ageron, Charles-Robert. *Histoire de la France coloniale.* Tome III, Le déclin. Armand Colin, 1996. Le même point de vue sur la Communauté rénovée est exposé par Henri Grimal dans son ouvrage *La décolonisation de 1919 à nos jours-* Bruxelles, Editions Complexe, 1985).

[3]   Voir note sur le Groupe Afro-asiatique

Chapitre deuxième Côte d'Ivoire, prospérité et pays d'avenir

[1]   L'exploitation du diamant a commencé ces dernières années 2000.

Chapitre Troisième : Côte d`Ivoire artisan de paix dans le monde

[1]   Voir texte de la Résolution 242 israélo-palestinienne Annexe 7

[2]   Forces des Nations Unies pour le maintien de la paix. La dénomination Casques Bleus à été pour la première fois utilisée par la Côte d'Ivoire à cause des bérets bleus des soldats de cette Force. C'est à partir du conflit chypriote que la Côte d'Ivoire les a surnommés ainsi et c'est devenu désormais leur nom officiel à l'ONU.

3   Voir Annexe 1 Question du Yémen Projet de résolution Côte d'Ivoire-Maroc (S/5649).

4   Voir Annexe 2 Problème Indonésie-Malaisie Projet de résolution (S/5973) et Décision.

5   Voir Annexe 3 Problème de la République Dominicaine Projet de résolution de l'Uruguay révisé (S/6346/rev.1)

6   Voir Annexe Problème de la République Dominicaine Amendements de L'union Soviétique.

Chapitre cinquième : Cote d'Ivoire, pays de l'hospitalité, Patrie de la vraie fraternité

1   Le PDCI et le RDA sont créés la même année 1946, le PDCI en avril et le RDA en octobre. 1946 est la date de la création de l'Union Française qui autorise la création de partis politiques en AOF. Des associations ou des syndicats pouvaient exister avant 1946 mais pas des partis politiques.

2   L'Union Africaine et Malgache: L'UAM, encore appelée Les Douze, était un groupe politique de pays francophones unis sous la bannière de la Côte d'Ivoire. Cette institution africaine internationale comprenait les 4 pays du Conseil de l'Entente, le Gabon, le Congo, la Centrafrique, le Tchad, le Cameroun, le Sénégal, la Mauritanie, Madagascar (et le Rwanda, plus tard). L'UAM visait à établir la coopération et le progrès économique de ses membres sans remise en cause radicale des liens entre l'Afrique et l'Occident. La compagnie aérienne africaine Air Afrique en était le symbole avec siège à Abidjan.

3   FLN (Front de Libération Nationale): Mouvement politique de rébellion contre la présence coloniale française en Algérie, il est créé en 1954. Il met sur pied une branche armée l'ALN (Armée de Libération Nationale) et engage une lutte avec des armes fournies par le Maroc et l'Egypte, selon certaines

encyclopédies, contre l'occupant français. En 1958, le FLN forme un gouvernement provisoire, le GPRA (Gouvernement Provisoire de la République algérienne) socialiste, qui donne une reconnaissance internationale au mouvement et ne laisse d'autre choix aux autorités françaises que de négocier les Accords d'Evian en 1962 à l'issue desquels l'Algérie est indépendante. La France quitte le territoire algérien.

4   UEMOA: L'Union Economique et Monétaire Ouest Africaine est instituée le 10 janvier 1994 et se caractérise par la reconnaissance d'une unité monétaire, le Franc de la Communauté Financière Africaine (F.CFA), commune à ses membres et dont l'émission est confiée à la BCEAO. Etats membres: Bénin, Burkina Faso, Côte d'Ivoire, Guinée, Guinée Bissau (adhésion en 1997), Mali, Niger, Sénégal, Togo. (www. uemoa.int)

5   BCEAO: Banque Centrale des Etats de l'Afrique de l'Ouest: Institut d'émission des 8 Etats membres de l'UEMOA, avec siège à Dakar. Elle a le privilège exclusif de l'émission des signes monétaires dans les Etats membres de l'UEMOA. (www. bceao.int)

6   CEDEAO: Communauté Economique des Etats de l'Afrique de l'Ouest. Elle développe la coopération et l'intégration économique, sociale et culturelle de ses membres ainsi que la prévention et le règlement des conflits régionaux. Elle a créé une force d'intervention militaire, ECOMOG.

7   L'importance des membres de l'UEMOA, la BCEAO et la CEDEAO s'évalue selon leur poids économique.
UEMOA: la Côte d'Ivoire a le poids économique le plus important (40% du PIB de l'Union) suivie par le Sénégal (20% du PIB de l'Union).
BCEAO: Parmi les 8 pays actionnaires à part égale le poids économique de la Côte d'Ivoire se ressent dans la géopolitique

relative à la répartition des postes de responsabilité ou de directions sensibles.

CEDEAO: En 2008, la Côte d'Ivoire représente le 2ème poids économique (autour de 8% du PIB de la Communauté) derrière le Nigéria dont le poids économique atteint 69% du PIB de la Communauté. Les autres pays de la CEDEAO (13 pays) se partagent les 23% restant.

[8] Officiellement, le taux d'immigration en Côte d'Ivoire est de 26% représentant 4,5 millions d'étrangers sur une population nationale de 16 millions. L'auteur pense donc que le taux réel d'immigration est bien supérieur.

[9] Aujourd'hui le taux de pauvreté est de 46% selon des sources officieuses.

[10] Expression populaire ivoirienne pour insister sur l'expression du véridique.

[11] On ne renie pas, dit-on en Afrique, son pays d'origine.

[12] Dialogue entre le Président Félix Houphouët-Boigny (phrases en italiques) et un vieux paysan de la ville de Lakota (pour les non-Ivoiriens, la traduction des paroles du vieux de Lakota):
- Monsieur le Président, aujourd'hui on doit vous dire la vérité. Si vous avez l'intention de vendre notre Côte d'Ivoire, nous, nous partirons.
- *Où allez-vous aller?*
- Voilà, c'est vous qui avez fait notre pays. Comme vous voulez le vendre, montrez nous le pays dans lequel nous pourrons aller.
- *Vous avez peur des Dahoméens et des Togolais?*
- Oui, nous avons peur des Dahoméens et des Togolais. Ils sont nombreux. Quand tu as peur du caïman vivant, tu as peur du caïman mort !
- *Vous êtes contre ma proposition de double nationalité, mais les membres du Bureau Politique étaient d'accord avec moi*

- Oh!! Ils n'osent pas être francs avec vous. Pas un seul d'entre eux n'est, en réalité, d'accord avec votre proposition!

Chapitre sixième: La crise sociopolitique

[1] RDR: (Rassemblement Des Républicains de Côte d'Ivoire) Parti politique ivoirien né d'une scission du PDCI en 1994 et fondé par Djéni Kobina (1937-1998).

[2] Pour mettre un terme à cette dérive, Maitre Usher a tenté publiquement de préciser sa pensée sur le rôle que le Général Guéï pouvait jouer en tant qu'Houphouëtiste pour ramener le parti PDCI au pouvoir. Pour lui, le Général Guéï pouvait représenter le PDCI à l'élection présidentielle. C'est alors que Maitre Arsène Assouan Usher a été traité de Judas à la première réunion du Bureau Politique du PDCI, après le coup d'Etat de 1999, pour avoir voulu soutenir le Général Guéï.

[3] Accords d'Accra II: Accords de paix (7/03/03) et suivis de ceux d'Accra III (31/07/04) appliquant les Accords de Linas Marcoussis.

[4] Les Annexes des Accords de Marcoussis: I-Nationalité, identité, conditions des étrangers - II-Régime électoral - III-Eligibilité à la Présidence de la République – IV-Régime foncier – V-Médias – VI-Droits et libertés de la personne humaine – VII-regroupement désarmement démobilisation –VIII-Redressement économique et nécessité de la cohésion sociale – IX- Mise en œuvre.

[5] The American Fund for Peace : organisation américaine dont l'objectif principal est de corriger les conditions qui menacent la survie humaine. (www.fundforpeace.org)

Chapitre septième: le vrai problème ivoirien

[1] Malgré son choix du libéralisme économique, la Côte d'Ivoire s'est engagée dans une politique sociale des plus hardies pour

venir en aide aux populations en matière de santé, d'éducation et d'habitat.

[2] Voir Annexe 5 Tableau de la répartition de l'emploi selon les différents secteurs de l'économie et leur distribution dans la population ivoirienne.

[3] Voir Annexe 6 Tableau de l'estimation sommaire de l'épargne nationale. (Arsène Assouan Usher)

[4] Les élèves ayant participé à ce voyage pour poursuivre leurs études en France en 1946 se surnomment eux-mêmes les Compagnons de l'Aventure 1946, du nom du navire (l'Aventure) qui les transporta d'Abidjan à Marseille (100 Ivoiriens, et 50 élèves de la Haute-Côte d'Ivoire partie de l'actuel Burkina Faso).

[5] En 2007, le nombre de professeurs de l'enseignement supérieur est de 2088 toutes spécialisations confondues (Service du Personnel du Ministère de l'Education Nationale).

[6] Zin-Zin et Bahéfouê: le 18 sept 2002, les rebelles sont composés de soldats de la classe 98/2A qui ont fait 18 mois de service militaire et refusent d'être démobilisés, et, des groupes de Zin-Zin et Bahéfouê qui sont des soldats démobilisés rappelés par le Général Robert Guéï. Ils sont restés sous les drapeaux après le changement de pouvoir et devaient être démobilisés. Parmi eux, des sous officiers mais aussi des officiers de l'armée ivoirienne s'exilent, alors, à Ouagadougou (capitale du Burkina Faso).

[7] Giap: Vo Nguyen Giap (1912-), général vietnamien qui dirige les actions militaires contre la puissance coloniale française. Il est le vainqueur de la bataille de Diên Biên Phu en mai 1954 qui marque la fin de la colonisation française au Vietnam.

Mon message

[1] Mélangés (langue française de Côte d'Ivoire): interdépendants

[2] Les groupements ethniques étrangers ou communautés africaines présentes en Côte d'Ivoire.